闘う「読書術」

える一〇〇〇冊

佐高信 Sataka Makoto
佐藤優 Sato Masaru

a pilot of wisdom

目次

はじめに――「AKB48と宗教」

佐藤　優

嫌な雰囲気が蔓延している。

国際政治ではシリア内戦が大規模な戦争につながる危険がある。尖閣《せんかく》諸島をめぐる日中間の緊張が武力衝突に発展する可能性も排除されない。日本国内では、雇用に対する規制が緩和され、格差がますます拡大していくであろう。ひと言でいうと、現在は悪の力が強まりつつある時代なのである。佐高信氏とこの本を作った理由は、現実に存在する悪と闘うためだ。

キリスト教神学には、神義論（theodicy）という分野がある。この世になぜ悪があるかについての研究だ。もっとも神学の場合、「神はこの世の悪に対して責任を負わない」という結論が初めから決まっている。それだから神を弁護するという意味でtheodicyに弁神論という訳語をあてることもある。神学では、悪の起源について二つの考え方がある。一つ目は、悪は善の欠如から生じたという考え方だ。この考え方を発展させると、人間が努力して、善行を積み重ねていけば、悪を駆逐できるという結論になる。こういう発想は、アウグスティヌスの影響を強く受けたカトリック神学やプロテスタント神学において優勢だ。「知識は力である」という近代の啓蒙主義もこの系譜に属する。これに対してもう一つは、悪は善の欠如などという生易しいものではなく、自立しているという考え方がある。ビザンチン（東ローマ帝国）、ギリシア、ロシアなど正教会の神学ではこういう発想が強い。人間は誰もが罪を負っている。この罪から悪が生まれるのである。悪魔には罪を持つ人間を支配する権利がある。いい換えると罪を持つ人間は、悪魔の人質に取られている。神は悪魔に身代金を支払って人間を解放することにした。この身代金が神のひとり子であるイエス・キリストなのだ。イエスは徹底的に利他的に生きた。

ところで、キリスト教や仏教の本質は救済宗教だ。「救われたい」という人間の叫びに答えることができてきたので、キリスト教も仏教も古代から現代まで生き残ることができたのだ。そのポイントが利他性だ。人間は、利他的な人の感化を受ける。イエス・キリストは、「受けるよりは与える方が幸いである」（「使徒言行録」二〇章三五節）といった。ここで示された利他性が倫理的基準になっているために、キリスト教が信者の魂をつかむことができるのだ。

このような利他性は社会のさまざまなところに埋め込まれている。社会学者で批評家の濱野智史氏が『前田敦子はキリストを超えた　〈宗教〉としてのＡＫＢ48』を上梓し、前田敦子さんの「私のことは嫌いでも、ＡＫＢのことは嫌いにならないでください」という言葉に利他性を見出し、それをイエス・キリストと類比的に捉えた。私も濱野さんの見解に同意する。今年六月八日に行われたＡＫＢの第五回選抜総選挙で第一位になった指原莉乃さんが「私がセンターになったらＡＫＢが壊れるとか言われてるけど、絶対にＡＫＢ48は壊しません」と述べたが、自分を犠牲にしてでも断固ＡＫＢ48を守るという意味だ。利他性を第一義に生きるという点で前田さんと指原さんはＡＫＢ文化を共有している。それだから多くの人々がＡＫＢ48に惹かれるのだ。ロシアの宗教哲学者のニコライ・ベルジャーエフは、「人間は何かを信じなくては生きていくことができない生き物だ」と述べたが、私もそう考える。ソ連の共産主義者は、神を否定したが、実際は無神論という名の宗教を信じていた。現代の日本人の圧倒的大多数は、宗教を信じていないと思っている。しかし、自分で意識していなくても合理性だけでは割り切れない「何か」を信じている。端的にいえば、自覚しないうちにわれわれはマネー（貨幣）の力を信じている。しかし、貨幣は、人間と人間の関係から生まれたものだ。製作原価からすれば二二円くらいの一万円札で、一万円分の商品やサービスを購入することができると疑っていないこと自体が宗教だ。借金苦で自殺する人もいれば、カネのために犯罪を犯す人もいる。これはマネーが宗教性を持っているから起きる現象だ。しかし、マネーには利他性がない。また、ナショナリズムも現代人にとっての宗教としての性格を持っている。尖閣諸島をめぐる問題が日本人、中国人の感情をなぜこれほど刺激するかについても、合理性だけでは説明できない。

しかもナショナリズムには利他性があるから扱いが面倒だ。

マネーやナショナリズムが、人殺しをする力を持っているのに対して、ＡＫＢ48という宗教は人殺しをする方向にエネルギーを向けていない。ＡＫＢ48という宗教教団の集合的無意識を言語化したものだ。ＡＫＢ48には商業主義という形態の中に平和的な利他性が埋め込まれている。それだから私はＡＫＢ48という宗教に好感を持っている。

佐高信氏は、「辛口評論家」という鎧を身につけているが、本質において心優しき人である。そして、「受けるよりは与える方が幸いである」という利他的な性格の人だ。左派、リベラル派の評論家には、カネに細かいマネー教の信者が多いというのが、私の見立てだが、佐高氏はその対極の人だ。経済合理性に反する行動を率先して取る。また、佐高氏は自分が持つ知識や経験を惜しむことなく他者に与える。それだから佐高氏には他者を惹きつける魅力がある。私も佐高氏の魅力に惹きつけられている一人だ。本書では、佐高氏と二人でさまざまな文献から、悪を克服するための力となる利他性に関する言説を最大限に引き出す努力をした。

第一章　宗教・民族と国家

国家はいかに宗教を弾圧するか

佐藤　宗教について、佐高さんと私で語るなら『宗教弾圧を語る』から始めるのがいいと思うんです。これはキリスト教や教派神道などさまざまな宗教に対する弾圧の証言集で、弾圧を直接経験した人からの聞き取りをベースとして作られています。

中でも大本《おおもと》ですね。大本は日本の宗教と政治の歴史を知るために非常に重要な位置を占めていると思いますが、戦前、政府から二度にわたって弾圧を受けています。この本を読むと大本が弾圧された理由がよく理解できる。

大本は国家の本質というものがわかっていたんです。しかもその国家像は大東亜共栄圏を超えて、道義国家のような発想まで持っていた。それによって国家の立て直しをするという構想を描いていたんです。さらにいえば国際共通語のエスペラントを取り入れるなど、国際性も持っていた。ところが権力に近寄りすぎたがために排除されてしまったんです。

また、国家が宗教弾圧をやるときの典型的な手口がこの本によく出てるんですよね。天理教がターゲットだったら天理教本体ではなく、天理ほんみちをやるんです。

佐高　ほんみちね。

佐藤　天理教の分派で出てきて、より純粋なグループだということで天理ほんみちを徹底的に弾圧する。それは天理教に対しての一種の警告なんです。戦後の例でいうならば、国家権力が新左翼を弾圧したのは、共産党とか社会党に対しての警告だったんですよね。

キリスト教の場合も、ものみの塔、灯台社や、あとホーリネス教会といった、キリスト教の中では非常にファンダメンタリスト系でマイナーな教派を弾圧することによって、日本キリスト教団の中のメインストリームである長老派（カルバン派）、メソジスト派、会衆派、ルター派を牽制《けんせい》するわけです。体制に従えということで。これなんか本当に復刻されていい本だと思います。

佐高　大本の開祖の評伝『出口《でぐち》なお』というのが最近、岩波現代文庫に入ったね。安丸良夫が書いた。また、高橋和巳《かずみ》の『邪宗門』は大本をモデルにしている。

佐藤　はい、そうですね。

カトリックの世界戦略を読む

佐高　佐藤さんの『同志社大学神学部』を読んで、日本人には、私も含めて「政治」と「宗教」に関する勉強が圧倒的に陥没していると思った。だからいろんなところで足を取られていく。私もシュテファン・ツワイクの『エラスムスの勝利と悲劇』を面白く読んだくらいですからね。

佐藤 佐高さんに宗教の知識が陥没しているとは思いません。ただし、日本の論壇人全般については そういえると思います。確かに宗教に関する知識が抜けていると、つまらない宗教に引っ掛かる。事実上の宗教にもかかわらず、それを宗教と気がつかず、はまりこんでしまうことも起こりますね。

佐高 日本人は疑うことより信ずることを尊ぶ。それで疑問によって鍛えられていない軽信がはびこる。それが宗教への理解を遠ざけているわけです。

佐藤 たとえば、今年（二〇一三）二月、ローマ教皇が生前退位をしたこと、これはかなり大きなことだと思うんです。

前教皇のベネディクト一六世からフランシスコに代わりました。生前退位は六〇〇年ぶりだと報道されましたが、こういうときは先例をきちんと調べないといけない。グレゴリウス一二世が生前退位したのは一四一五年のことで、それから考えると正確には六〇〇年ではなく五九八年ぶり。

それはまあいいとしても、グレゴリウス一二世はなぜ退位したのかというと、当時は教会がローマとフランスのアヴィニョンに大分裂していて、教皇が三人鼎立《ていりつ》している状態だったんです。この中で一番力を持っていたのが、ローマ側のヨハネス二三世。この人の前歴はシチリアの海賊です。海賊からローマ教皇になって権力を握って、好き放題にやったわけです。それで教会がめちゃくちゃな状態になってしまった。

そこでコンスタンツという公会議を開いて三人とも廃位ということにした。これがグレゴリウス一二世の生前退位です。その後、一四一七年に改めて教皇を選び直して教会を統一したんです。

これを今回と照らし合わせて考えると、今のカトリック教会は、当時と同じぐらい危機的な状況に陥っているということですよ。

佐高　それはどういうところから？

佐藤　私はこう見ているのです。これはバチカンのイスラム戦略だと。

前教皇のベネディクト一六世という人は保守中の保守派です。要するに、バチカンのネオコンなんです。二〇〇七年にはイスラム教のジハード（聖戦）を批判する演説をやって、イスラム教徒から反発を受けた。

だからカトリック教会を中東において巻き返すという戦略を持っているんです。ベネディクト一六世は一九八〇年代のカトリック教会の保守化路線を中心になって引っ張った人間です。当時、バチカンは共産主義に対して巻き返しをしていった。その目的が達成された今、次の巻き返しはイスラムだというわけです。

ところがベネディクト一六世は高齢で健康状態が不安だと。カトリック教会におけるローマ教皇というのは一般の会社でいえば、代表取締役会長兼社長で、しかもこの会社には常務専務がいない。

佐高　なるほどね。ただ、いても常務や専務が人形のような会社はたくさんありますけどね。

佐藤　代表権を持っている会長兼社長が動けなくなったら会社は危機に瀕《ひん》する。だから自分の目の黒いうちに戦略的に引き継ぐというわけです。

では今まではなぜ生前退位が行われなかったか。これはネポティズム（縁故主義）と関係します。ネポティズムの語源はネヒュー（甥《おい》）の語源のネポスから来てます。

佐高　甥ね。叔父・甥の。

佐藤　甥に権力を譲るからネポティズムなのです。ネポティズムというのは本来、カトリックの神父さんの世界でしかあり得ないんです。神父さんは独身制でしょう。そうすると関係が一番近いのは甥っ子ということになる。甥は自分のきょうだいの息子だから一番近い。しかしそうやって甥っ子を任命していくと権力が集中して争いが起こる。だから生前退位は行わないで、死んでから新たに選んできたわけです。

しかし今回はネポティズムではないけれど、事実上の後継者指名なわけです。危険を冒してでも、五九八年ぶりに今までと違うことをやった。それだけ大きな戦略を持っているということですよ。カトリック教会のこの世界戦略は警戒しておいたほうがいいと思います。カトリック教会が今後どうなるかは二〇一五年にわかります。

佐高　二〇一五年？

佐藤　カトリック教会が本当に改革をしてリベラルな勢力になるのか、それともむしろ反動的になっていくかということです。というのも、二〇一五年は今述べたコンスタンツ公会議から六〇〇周年なんです。ここでフスの名誉回復がなされるかどうか。この人は免罪符などに反対してコンスタンツ公会議で異端者とされて火刑になっている。フスの名誉が回復されるなら、ある程度リベラル化していると見ていいと思いますが、名誉回復はたぶんなされないでしょう。

そうすると、こういうことなんですよ。今、日本も世界も、経済も政治も危機的な状況にある。月並みな話なんだけど、これはいわゆるモダン、近代的システムの危機なんです。この危機をポストモダンによって乗り切ろうとする運動というのは、これはまさにバブルの頃にあったわけですよね。しかしそれでは今の危機は乗り切れないような気がするんです。

佐高　ええ。

佐藤　となると何かといったら「プレモダン」で乗り切ればいいわけですよ。つまり近代以前の基準で動けばいい。近代以前の基準で動くならカトリックが強いわけですよ、近代以前の人たちだから。

佐高　反近代ね。その意味でも今後のカトリックの動きをよく見守るということなんですね。あと、日本におけるカトリック、イエズス会の歴史もありますね。井上ひさしの『モッキンポット師の後始末』はカトリック神父が不良学生の尻拭《しりぬぐ》いに奔走させられる話。

佐藤　ああ、ありましたね。もう一つ、松本清張の『黒い福音』もカトリック教会の体質がよくわかります。

佐高　外国人神父が日本人スチュワーデスを殺したという実話をもとにした話ですね。実際には、その神父が本国に逃げていっちゃって未解決のままなんだよね。

佐藤　カトリックの深部を知るためにいい本だと思います。

ベネディクト一六世とハーバーマスの対談

佐藤　実は今述べたカトリック教会の戦略について、ベネディクト一六世がまだ即位前の二〇〇四年に語っているんです。当時はまだ本名のヨーゼフ・ラッツィンガーという名でした。ドイツの社会哲学者、ユルゲン・ハーバーマスと一日対談を公開でやったんですね。ハーバーマスはリベラル左派の代表です。

それが本になっていて、日本では岩波書店から『ポスト世俗化時代の哲学と宗教』というタイトルで出ています。三島憲一さんの訳です。

ではなぜ右派であるラッツィンガーと左派であるハーバーマスが会ったのかというと、九・一一でビン・ラディンをはじめとするイスラム原理主義が現実の脅威になったので、ヨーロッパのカトリック教会と世俗的な知識人が統一戦線を組まなくてはならないという話です。

佐高　異端の排除ということですね。

佐藤　あるいは主流派による権力の独占といってもいいかもしれません。中東においてカトリックの影響力を巻き返すという共通点があるんです。この本では、イスラム世界においてビン・ラディンがその独自の魅力によって、いかに支持されているかが語られています。

佐高　ハーバーマスはやはりキリスト教にシフトしているわけ？

佐藤　そう思います。ハーバーマスの宗教についての考えは要するにこういうことです。

われわれの文明は合理的な社会であり、合理的なものだけで組み立てていくのだと。何の偏見も持たずに学級会をやるんだと。しかしその学級会が成り立つ、人間が成り立つ根源においては、合理的なものだけでは説明しきれないものがあるのではないか。そういう個別の問題に対して合理主義は十分に応《こた》えることができていないと。だから問題に直面したときに宗教を持っている連中のいうことには耳を傾けないといけないと、こういう立場ですね。

しかし宗教といっても、対話ができるグループと、そうではないグループに分かれるわけです。そこで合理的な思考をする人々と対話ができる宗教グループによって、対話を拒否する勢力を封じ込めるという考え方ですよね。

最終的にはヨーロッパ的な価値が世界の価値だという文化帝国主義においては、ハーバーマスもラッツィンガーも現ローマ教皇も一緒なのです。

佐高　なるほど。

佐藤　彼らは東洋の世界に対しても同じような視座で見ている。ただ、そこは普遍的な概念だけでなく、何かがあるという気持ちはある。でも、「それはそれでいいけれどもおれたちのほうが主流だ」という感覚は強くあるんですね。

そうすると、このローマ教皇の生前退位などというものも、これをどう読み解くかというのは、意外と知的なチャレンジングです。

佐高　思想の革新性と組織維持の保守性の問題ともいえますね。

最後の天才・ハーバーマス

佐高　ハーバーマスは、公共圏、公共性論で知られて、先の『同志社大学神学部』にも出てきますね。

佐藤　頭はものすごくいいけど、性格はものすごく悪いやつですから。読むよりも早く本を書くという。

佐高　すごいね、それ。

佐藤　最後の天才みたいな人物です。

佐高　ドイツの哲学者で社会学者のホルクハイマーなどとも近いんだよね。

佐藤　人間的関係はよくないけれど思想的には近い。同じドイツの哲学者・アドルノの弟子です。

佐高　ホルクハイマーは人がよかった。久野収先生がホルクハイマーの『哲学の社会的機能』を訳している。

佐藤　ハーバーマスと比較すれば善人です。ハーバーマスが『哲学的・政治的プロフィール』を未来社から上下二巻で出しています。そこではホルクハイマーのことはぼろくそです。反共の手先で小心者で人間のかすみたいなやつだと。

そうでなくてもハーバーマスは哲学者をめった切りするんです。特にデリダとかフーコーといったフランス系の哲学者なんか、「このくそ野郎」みたいな感じに切って捨てる。しかも相手のいうことをねじ曲げて引用するのも平気でやりますから。面白い男です。『コミュニケイション的行為の理論』という本（上中下巻）もすごいですよ。非科学的だけれど合理的な考えはいくらでもあるというんです。たとえば病気になるのは魔女が呪いをかけたからだ。これは非常に合理的な考え方だ、ただし科学的ではない。こういうおちょくったような話が延々と書かれている。

佐高　ハーバーマスってまだ生きている？

佐藤　生きています。八〇代半ばだけどまだガンガン書いてます。

たとえば公共性については、政治は喫茶店から出てきたというんです。みんなイギリスのカフェ、コーヒーショップに集まる。コーヒーショップに入るときは出身階級は関係なしです。そこでコーヒー飲んだり、たばこをふかす。そのようなところから政党はできているのだと。

だから公共圏というのは、パブとかコーヒーショップ、居酒屋から始まってくるのだというんです。誰でも木戸賃さえ払えば身分とか学識とか資金力に関係なしに入ってこられる場所ということです。

だから日本でも沖縄でもパブ（居酒屋）は誰でも入れるんです。「居酒屋独立論」などといわれてるのだけど、本当の独立論は居酒屋から生まれてくるのです。居酒屋での政治を過小評価してはいけません。

それからあと、『認識と関心』という本で、「認識を導く関心」ということをいい出したのです。これは要するに、客観的な認識などというのは存在しない。「利害関心」が無意識のうちにも先行しているのだ。手紙を出そうと思ったらポストが気になるだろうと。「利害関心」が「認識」に先行するのだということです。

佐高　佐藤さん、ハーバーマスは学生時代から読んでいたの？

佐藤　よく読んでいました。日本でようやく紹介され始めた頃です。この人、日本にも来てるんだけど、こんなことをいってるんです。

「日本で私の本が読まれて非常にうれしいです。討議的理性というのは、ヨーロッパとアメリカでしか通用しないと思ったんだけど、日本でも通用するということがわかって私は非常にうれしく思った」

要するに、「今まで日本というのは野蛮人の集団だと思ったんだ」ということです。

佐高　面白い人物だね。

大川周明を一冊読むならば

佐高　佐藤さん、実は私、今まで忌避していてあまり読んでないんだけど、大川周明についてここでちょっと語っておきませんか。民族と国家ということでは欠かせないと思うので。

佐藤　はい。大川周明をもし一冊読むとするなら『安楽の門』〔『日本人の自伝11　大川周明』所収〕がいいと思うんです。戦後書かれたものですが。

佐高　自伝的な要素の強い本ですね。

佐藤　そうです。第一章が「人間は獄中でも安楽に暮らせる」で、第二章が「人間は精神病院でも安楽に暮らせる」、第三章が「私はどうして安楽に暮らして来たか」と続く。大川は自分の母親が大好きなんですね。人は何か宗教を持たないといけない、それで自分にとっての宗教は何かといったら、母親のことを追い掛けることだというんですね。

佐高　ああ、そうだった。

佐藤　それからあと、晩年に書いた『北一輝君を憶ふ』というのはいい文章ですよね。

佐高　この人の著作に『佐藤雄能《ゆうのう》先生伝』というのがあるんです。もう絶版ですけど。

この佐藤雄能という人は大学時代に私が入っていた荘内館という寮の、寮監だったんですよ。「佐藤雄能、あだ名を無能という」などとからかう学生もいたけれど。

それで私が入ったときはその息子の正能《まさよし》さんが寮監を継いでいた。親子二代で無償で寮監をやったんですね。だから今度は私が「佐藤正能先生伝」でも書かなきゃなんないかなと思って。

佐藤　ああ、ほんとですね。

佐高　大川周明に戻しましょう。

佐藤　大川周明という人は大変なインテリです。壮大な知識人であるとともに、ある種のいかがわしさがあるのが面白いですよね。

佐高　そうね。

佐藤　ただ、石原莞爾《かんじ》（軍事思想家）と比べた場合に、やっぱり石原莞爾のほうがずっといかがわしいですよね。

佐高　そこなんだけどね、以前私は『石原莞爾　その虚飾』で石原莞爾について書いたんです。

佐藤　はい、読みました。

佐高　そのときはね、大川周明のほうがいかがわしく思えたの。ところが今は違うんだよね。不思議なものです。

佐藤　大川がいかがわしいのは本人も自覚しているところがあるけれど、石原には自覚がない。そして教養のレベルが全然違います。あとそれから、お墓の違いもあると思います。

佐高　うん？

佐藤　墓。石原莞爾の墓ってすごいですよね。

佐高　山形県遊佐町《ゆざまち》というところにある。

佐藤　丸くてでっかくて、土まんじゅうなんてものじゃない、まるで古墳です。それに対して酒田に大川周明の名を記した墓ってないんですよね。大川家では初代の人の名前だけ書いて、代々の人はその周辺に埋葬することになっているんです。「名前を残してはいけない」という家訓があるんです。

佐高　目黒不動尊に大川周明の墓あるでしょう？

佐藤　あれは分骨です。一緒に北一輝《きたいっき》の墓もあります。だから大川というのは本当に家訓を実践しているのだなと思いましたね。

戦中保守の超民族主義

佐高　私が『石原莞爾　その虚飾』を書いたときに「なるほど」と思ったのは、戦争中の日本の右、保守の思想というのは、「混合民族説」なんですね。他民族を認めていた。

佐藤　そうなんです。日本は超国家主義であるのと同時に、そこで「超民族主義」という思想が出てきたんです。決して単一民族ではないと。

だから、実は「単一民族説」というのは、戦後出てきた神話なんですね。その件については社会学者・小熊《おぐま》英二さんが『単一民族神話の起源』の中で、実証的に分析しています。

佐高　つまり、日本人・漢人・朝鮮人・満州人・蒙古人の「五族協和」という話。ファッショ的なんだけれども、単一民族説では五族協和ができないわけなんだよね。

佐藤　これは小熊英二さんが明らかにしているのですが、日本の戦前の国定教科書では、日本は多民族国家で、内地臣民と外地臣民がいて、外地臣民には台湾人や朝鮮人がいると書いてあるんです。

佐高　モンゴルまで含めてね。

佐藤　それから、一九三〇年代に進められたユダヤ難民の満州移住計画、いわゆる「河豚《ふぐ》計画」というのがありますが、これはユダヤ人まで加えていこうという計画ですから。日本通で知られるトケイヤーという人が、この河豚計画について研究して『河豚計画』というのを書いています。

佐高　私ね、いろいろ評判の悪い、石原慎太郎との対談のときに、この単一民族の件を最初にぶつけたんですよ。「あなたはいつも我が国は単一民族だというようなことをいってるけど違うんだ、戦争中のあなた方の尊敬するような先輩は混合民族説ですよ」といったら、反論してくるかと思ったら、慎太郎は「知らない」といったんですよね。そこでおれ、たたらを踏んじゃって。

佐藤　でも、利口ですよね。石原さんの強いところは、知らないことを知らないといえる力にあると思うんです。知ったかぶりもしないですから。

佐高　そう。それで私はぐにゃぐにゃになって、革マル派にさんざん叩《たた》かれた。

佐藤　石原慎太郎さんって、やっぱり直接会わないほうがいい人の一人ですよね。非常にチャーミングな人です。「石原の親父は痰壺《たんつぼ》を洗ってたんだ」とぼろくそにノンフィクションで書いた佐野眞一の……。

佐高　『てっぺん野郎』ですね。

佐藤　「三国人」発言なんかに見られるように、一見排外主義者のように見えて、韓国人が一番気にする竹島に関しては「あれはもうダメだよ、しょうがないよ」といっているんです。竹島に関しては韓国に投げちゃっている。だから中国と対峙して尖閣を守るんだと。

佐高　人ったらしといえばね、彼、環境大臣だったときに、平気で水俣《みなまた》病の患者に会うんですよ。それは作家的な関心もあるんだろうけど。じじい殺しの側面もあるしね。

佐藤　そっちもありますね。とにかく石原さんは、作家としてもやっぱり有能なんですよ。

大川周明が切り開いたイスラム研究

佐高　大川周明に話を戻しますが、大川は晩年にコーランを全訳したんですね。

佐藤　自分はアラビア語を訳す力がない、だから漢訳とか英訳のコーランからの重訳になるけれども、とりあえず訳しておくということだったんです。後世にバトンをつなぐのだということでした。

イスラム学者の井筒俊彦という人がいるでしょう。彼、大川の書生だったんです。そこで大川の薫陶を受けてアラビア語を学んだんですよね。それでのちにコーランの翻訳をやったんです。

佐高　一時期は大川訳のコーランもそれなりの役目を果たしたの？

佐藤　井筒訳が出るまではそれしかなかったですから。でも井筒訳も結局は大川の問題意識を引き継いでいるんですね。

佐高　井筒さんも亡くなりましたね。

佐藤　慶應《けいおう》出身で非常に優れた知性の持ち主でした。ただ、日本ではなかなか彼の発想は相容れないものがあったんですね。カナダにずっと行っていましたよね。ロシア語のほか、英・独・仏・露・中・アラビア語と、何ヵ国語も操る語学の天才です。

佐高　そういう人間って、どういうふうにして出てくるんですかね？

佐藤　もともと言語学的な素養のある人だったんでしょう。慶應に語学センターみたいなのがあったじゃないですか。

佐高　よく知らない。あまり学校に行かなかったから。

佐藤　そこでは旧満鉄調査部仕込みの、本当に実地で使える語学の集中教育をやっていたんです。だから昭和四〇年くらいまではその伝統が続いた。だから慶應というのはある時期までは圧倒的に語学力が強かったんですよ。

佐高　前嶋信次先生（イスラム史学者）は覚えてますけどね。『アラビアン・ナイト』を初めて原典のアラビア語から訳した。一回ぐらい授業をのぞきましたけど。

佐藤　だからイスラムの裾野はやっぱり慶應なんですよね。それが大川周明につながるんですよ。

佐高　大川のイスラムへの問題意識というのはどこから来たものですか？

佐藤　インドを学ぶうちに芽生えたんじゃないでしょうか。インドというのはムスリム（イスラム教徒）が実はけっこう多いんです。そこから彼は中央アジアに関心を持って『復興亜細亜の諸問題』という本を書いた。これは戦前の大ベストセラーです。

この本では、ソ連の回教徒政策について紹介しているんです。ソ連というのは、マルクス主義の国という要素とともに、実は「イスラムの国」でもあると分析しているんですよね。

それがのちになってソ連の崩壊のプロセスの中であらわになってきた。さすがの分析力だなと感心しました。

当時、拓殖大学とか東京外事専門学校（現東京外国語大学）の学生は、この本を読んで、みんなアジアに夢を持ったんですね。その拓殖大学で大川の薫陶を受けた人たちが、あちこちアジア諸国に雄飛していったというのは大きなことだと思うんですよね。

佐高　堀田善衛《ほったよしえ》の『インドで考えたこと』にあるじゃないですか。「アジアは、生きたい、生きたい、と叫んでいるのだ。西欧は、死にたくない、死にたくない、と云っている」と。そのアジアに注目したわけですよね。

東京裁判を読み直す

佐藤　大川周明は東京裁判で東条英機の頭を叩いたのが有名でしょう。東条が苦笑いをして振り返る映像が残っていますよね。

私が大川周明のことを『日米開戦の真実　大川周明著「米英東亜侵略史」を読み解く』で書こうと思ったのは、簡単な理由なんです。私は初公判のとき、大川のようなパフォーマンスをできなかったからです。

二〇〇二年九月一七日、初公判で法廷に出たときに、「これは茶番だ」と思った。みんなが神妙に「認めます」とかやっているときに、大川周明のようにニーッと笑って、横にいる看守の帽子をパンとどかしてペコンと叩けばよかったなと。でもできなかった。その実体験があるから、大川周明はすごいと思ったんです。でも、それをやっていたら、きっと実刑でしたけどね。

佐高　あははは。

佐藤　そういうことがなければ、大川周明には絶対に関心を持ちませんでした。自分の体験と照らし合わせて、直感的に、大川はあれをわざとやったのではないかと思ったんです。

それで彼が書いたもので一番キワモノ本って何なのかと考えたら『米英東亜侵略史』ではないかと思ったんです。古本屋で買って読んでみたら、これが実に面白い。大川の数少ない語りの本なんですよ。六～七年前かな、ちょうど語りをベースにした新書ブームが起きたばかりの頃でした。それでなるほど大川でも語り本だから、難しさがないので、現代人にも受け入れられると思った。大川は、イギリスとアメリカの差異について優れた分析をしているのと、日本は開戦の説明責任は果たしていると主張している。これはやっぱり紹介すべきだと思って、『日米開戦の真実　大川周明著「米英東亜侵略史」を読み解く』を出したんです。

それで遺族に挨拶とお墓参りをしに行きました。大川周明には子どもはいないんですけれども、甥ごさんにお会いできました。

そこで、北一輝からもらったという仕込み杖とか、板垣征四郎から来た手紙とか、五・一五事件のときの資料とか、遺品をいろいろ見せてもらいました。さっき出たお母さんの写真も拝見しました。目が非常に鋭い、巫女《みこ》のようなタイプのお母さんでしたね。

そして大川の写真を一枚借りて本の表紙に使ったんです。キリッとしたインテリらしい写真があって、それを借りることができた。写真一枚で、彼のイメージはだいぶ変わると思ったんです。

佐高　インテリの弱さを持っていることを含めて、インテリですね。

佐藤　そう思います。姫路獨協《どっきょう》大の学長の大塚健洋《たけひろ》さんが書いた『大川周明　ある復古革新主義者の思想』で、非常に説得力があると思ったのは、大川がどうして戦犯になったのかということ。日本ファシズムには、どう探してもナチスドイツでヒトラーの代理人と呼ばれたローゼンベルクとか、それに当たる理論家がいないんだそうです。

そんな中、大川周明の『米英東亜侵略史』は英訳されているんですよ。当時の日本政府がこれは素晴らしい内容だということで、宣伝文書として英訳したんですね。そうしたら、アメリカ側が英語で読めるものだから、これはとんでもない、捕まえてしまえということになったというわけです。

それともう一つ、大川は満鉄調査部の幹部で、この組織はソ連調査をやっていたから、ソ連が大川を憎んでいた。東京裁判のときにソ連の検事団長だったスミルノーフという人が書いた『東京裁判』でも、大川周明の役割を過大に評価していますね。

この本では、外務大臣でのちにA級戦犯容疑者となった松岡洋右《ようすけ》を「挫折したタレーラン」ともいっています。タレーランは、フランス革命のときとその後、活躍した神父出身の外交官です。

また、東郷茂徳《しげのり》（戦中の外務大臣でA級戦犯）に対しても卑劣な弁解ばかり繰り返すと非難しています。こういうようなかたちでソ連から見た東京裁判が描かれている。歴史修正主義者の自虐史観とか東京裁判史観とはまた別の切り口から、東京裁判について日本語で読める非常に興味深い本です。

それと満鉄調査部に関しては、私が一番面白いなと思うのは、岡崎次郎の『マルクスに凭れて六十年』だと思います。彼も満鉄調査部に勤務しました。大川とも面識があります。破天荒なマルキシストの回想録ですがね。

佐高　草柳大蔵の『実録満鉄調査部』なんて、それに比べたら全然？

佐藤　岡崎のような中にいた人間が書いた回想録のほうが、だんぜん面白いんです。

イスラムを知る教科書

佐高　私が「ビジョン」っていう変な雑誌をやってたときに、中谷武世《なかたにたけよ》に出てもらったことがあるんですよ。

佐藤　『昭和動乱期の回想』の著者ですね。北一輝、大川周明の作った結社・猶存社にも加わったインテリ右翼の一人です。

佐高　そうそう。彼はその当時、日本アラブ協会の会長というのをやっていて、田原総一朗に切り込みインタビューみたいなのをやってもらったんです。

佐藤　あ、それで……。田原さんから時々中谷さんの話が出るから、どうしてこの人に関心があるんだろうなと思ってたんだけど、そこからでしたか。

佐高　私が仕込んだ（笑）。でも中谷武世という人も面白い。アラブつながりで、キャスターから政治家になった小池百合子とも関わりがある。確か、小池は日本アラブ協会の事務局長かをやっていたはずです。

佐藤　彼の基本的な人脈はトルコじゃないですかね？　日本のイスラム研究というのは基本的にトルコ系なんですよね。

佐高　トルコ系とほかの違いは？

佐藤　イスラムには正統四法学派というのがあって、トルコ系はハナフィー法学派といって、祖先崇拝とか伝統的なものに結びついているんです。

　ほかにハンバリー法学派というのがあって、これは非常に原理主義的です。アラビアの真ん中にあってアルカイダが発展したのは、ハンバリー法学派をバックグラウンドにしたからなんですよ。

インドネシアはシャフィイーという法学派。これも伝統と結びついているんです。あとマーリキ法学派というのもあります。といっても大きな思想上の違いはなく、ちょっとした解釈の違いで分かれているんです。

佐高　そういうイスラムのことを知るのにいい本っていうのはありますか？

佐藤　一番いいのは放送大学の教科書の『イスラーム世界の歴史的展開』だと思います。実は理科系でも文科系でも哲学でも何でも、一番てっとり早いのは放送大学の教材なんです。基本講義一五回で大学の半期分、一週間一回九〇分授業に合わせて作られていますから。

それ以外では概説的に書かれていて、われわれの知識にすぐ役に立ち、かつ水準が高いのは、やっぱり山内昌之先生の『民族と国家』ですね。これはすごくいい本です。

山内さんっていうのは、二〇代からとんでもなく勉強をしている人なんです。

佐高　亡くなった前夫人が協力したという話もありますよね。

佐藤　前夫人はロシア語が非常にうまい人だったんです。もともとロシア社会革命党の研究をしていました。山内先生も熱心に外国語に取り組む。ロシア語で専門文献を読みこなす。

佐高　ほう。実直な人なんですね。

佐藤　日本では珍しい誠実な知識人ですよね。人をハメるようなことはしません。

佐高　それはそうかもね。

佐藤　高名な学者で政治に関心があるという人は、だいたいが人の姿見たら穴掘って、落として、その上に土を盛って、アスファルト乗っけてと、そういう専門家ばっかりじゃないですか。

佐高　わかるけど、そういうことをいうのは私の持ち分でしょう。

ロシアの隕石騒動の読み方

佐高　少し前だけどロシアに隕石が落ちたという事件があったでしょう。建物のガラスが割れたりして大勢のけが人も出た。

佐藤　あれは大変です。将来的にロシアの政局にも影響を与えるのではないかといわれています。どうしてかというと、『新約聖書』の「黙示録」と関係するのです。「黙示録」ではこの世が終わるときに、空から星が降ってきて水源地に落ちる。そして水が汚染されて多くの人が死ぬというもの。その星の名は「ニガヨモギ」といいます。

佐高　ニガヨモギね。

佐藤　ニガヨモギはロシア語で「ポルィヌィ」か「チェルノブイリ」です。『新約聖書』のロシア語では「ポルィヌィ」が使われている。隕石が落ちてきたとき、ロシア人ならば「黙示録」のニガヨモギの話を思い浮かべます。「これはプーチン政権に対する天からのお告げだ」と。惑星が接近して隕石が落下するというのは何千年、何万年に一度のことであり、しかもよりによってロシアに、しかも原発のそばに落ちてくるなどというのは、よっぽど悪い星の巡り合わせで、人知を超える何かだといって、ロシア人はみんなビビっています。

プーチンも民衆に不安が起きるといけないと真っ青になって対応に追われました。

佐高 この先、プーチン政権にボディーブローのように効いてくる可能性があると。

佐藤 効いてきます。何千年に一回のことでしょう。何千年に一回のことがよりによってロシアで起きるなどというのは、プーチンは悪魔の手先というような感じになってきます。そもそもソ連体制というのは功利主義で作られたものでしょう。それが崩壊した。

佐高 唯物論ですから、広くいえば功利主義ですね。

佐藤 原発なんてまさに功利主義の産物ではないですか。それでこの世に楽園が作れると思ってやってきたけれど、それが吹っ飛んだのが、一九八六年四月のチェルノブイリ原発事故です。そうすると、ロシア人にはやはりそのチェルノブイリが「黙示録」の予告に見えたわけです。この事故がソ連体制が内側から壊れていくきっかけになった。

でもそれを裏返して考えると、われわれ日本人も原発に対してみんながあれだけ危惧《きぐ》を持ったのに、今になって何でiPS細胞などを手放しでほめているのかということになります。結局は同じではないですか。

人間の力によって人間を、生命を作り出す。細胞を再生するということは永遠に生き続けたいという意志の表れでしょう。永遠に動くエネルギー、原発の発想とiPS細胞の思想は同じです。死を拒否している。だから生命倫理の立場からすると、ヨーロッパでは、iPS細胞を語るとき、必ず功罪の両論を併記するんですね。

佐高　なるほど。

佐藤　仮にこの件で日本人じゃなく、ヨーロッパの学者がノーベル賞を取ったとしても両論併記になります。両手を挙げて万歳なんてことにはなりません。

仏教を読むための一二冊

佐高　佐藤さんは日本の仏教にも関心を持っているのでしょう?

佐藤　仏教にもただならぬ関心があります。ただし、関心があるのは、理論面で特に上座部《じょうざぶ》(南伝仏教いわゆる小乗仏教)に関連する本が好きです。

佐高　つまり新宗教ではないほう、もっと前のやつ。
佐藤　そうです。鎌倉仏教より前のものです。特に理屈を非常に重視する南都（奈良）の仏教なんです。関心があるのは。

そのテーマで取り上げるのだったら、角川ソフィア文庫から出ている『仏教の思想』というシリーズが非常にわかりやすく、しかも水準を落とさずに議論していると思います。全部でインド編四冊、中国編四冊、日本編四冊が出ています。

中でも一冊ということであれば、インド編の第二巻、『存在の分析〈アビダルマ〉』がいいと思います。桜部建と上山春平が著者です。桜部さんは仏教哲学者です。「アビダルマ」というのは小乗仏教に属する学説で、すべては因果関係からできていて実体がないという考え方なんです。

因果関係の中には「無関係」も入るんです。月とスッポンの間には、無関係という関係性がある。だからすべてが関係性で説明できるというわけです。この世の中で起こる宿命はいろんなものの関係性からできてるんだという考え方。

でもその考え方って、われわれの中では当たり前になっているわけですよ。人間関係が何よりも大切だとか、あいつはちょっと我が強いとかいうでしょう。でもヨーロッパやアメリカでは我が強いのは当たり前なんです。

日本で常識のことが外国で非常識になる。そういう裏表の関係を知るためにはこの『存在の分析〈アビダルマ〉』を読んでおけばよくわかるわけです。

佐高　上山春平は『日本の土着思想』や『大東亜戦争の意味』などを読みましたね。前者の副題は「独創的なリベラルとラディカル」で、西田幾多郎《きたろう》や中江兆民を扱っている。

今、エスペラントが面白い

佐高　さっき大本の話でも出たけど、佐藤さんはエスペラントには興味あるの?

佐藤　出口王仁三郎《おにさぶろう》が「これは世界を支配する言葉になる」といって推進した言葉ですからね。エスペラントは面白いです。佐高さんもかなり興味をお持ちですよね。

佐高　国家を超える言語ということでね。実際はしゃべれないけど。

佐藤　エスペラントって六〇歳を過ぎてから習いはじめて、けっこう自由に操る人がいるんですよ。たとえば私の知ってる人だったら、埼玉大学の名誉教授の佐々木照央《てるひろ》先生とか。彼なんか六〇歳を回ってからエスペラント語を始めたんです。すぐに上手に話すようになりました。

佐高　ユーゴスラビアの大統領だったチトーがエスペラントを奨励したでしょう?

佐藤　そうですね。エスペラントは根っこがスラブ語に近いから。クロアチア人（スラブ系）のチトーにもなじみがあったんでしょう。ロシア人でもエスペラントを学ぶ人はけっこういるんですよ。

ただ、どうしてエスペラントがソ連で弾圧を受けてしまったのかというと、エスペラントというのは必ずアナーキズム運動と結びつくんです。それで警戒されちゃったんですよね。

そのあたりのエスペラントの歴史については岩波新書から『危険な言語』といういい本が出てますよね。

佐高　そうそう。ウルリッヒ・リンス（ドイツ学術交流会東京事務所初代所長）という人が書いたやつね。エスペラント人脈というのがあって、アナーキストの大杉栄とか物理学者の高木仁三郎も入る。

佐藤　この本を翻訳したのは栗栖継《くりすけい》さんという思想的にはアナーキズムに近いチェコ文学者です。彼はエスペラント経由でチェコ文学に入っていったんです。

佐高　彼が『エスペラントの世界』という小冊子を出していたんですよ。私は井上ひさしとともに、そこにコラムを書いたんです。

佐藤　エスペラントっていうのは国際的な約束があって、原稿料がないでしょう。

佐高　なかった（笑）。

佐藤　翻訳料もないんですよね。エスペラントっていうのは一つの思想運動だから、知的なものと経済を絡ませないという線引きをしている。だからエスペラント語の出版物に関しては翻訳料とか原稿料は一切発生しないんですよね。

佐高　シベリア抑留生活を描いた名著『極光のかげに』の著者、高杉一郎もエスペランティスト（エスペラント語をしゃべる人）だった。

それにしてもエスペラント語というのは、しゃべれる人にとっては、非常に便利で、世界を泊まり歩けるらしいですね。

佐藤　エスペランティストの協会があるんですよね。日本にもある。そこに連絡すれば宿も探してくれるし、いろいろ世話をしてくれるはずです。

ノマド的生き方とエスペラントの共通性

佐藤　現代のエスペラントがあるとしたら、それはC言語だと思うんですよ。C言語、コンピュータのプログラム言語です。

コンピュータのプログラム言語というのは、それをマスターしておけば、コンピュータシステムを動かせて、画像なんかも作れる。それが現代のエスペラントだと思うんですよ。

そうすると、その言語を使えるような人たち、その横のネットワークは何かといったらハッカーのネットワークです。一昔前エスペラントに対して持たれていた警戒感というのは、今のハッカーのネットワークに対する警戒感と一緒なんです。

佐高　あのロシアに亡命した人、元ＣＩＡのスノーデンもそうだね。

佐藤　スノーデンもそうです。スノーデンを助けるというのも同じ感覚なんですね。

英語のスラングでギーク（GEEK）という言葉があるんです。オタクみたいな意味なんだけれども、このギークという連中はコンピュータオタクなんですよ。それでコンピュータ言語をわかっていて、それが作動さえすればいいから国家も民族も何も要らないと、上司も何も要らないと、こういう実力一本でいきたいという人たち。世の中には一定程度国家を必要としないという人が常にいるんです。濃淡はともかくとして。最近、一部で流行しているノマド（遊牧民）的生き方ですね。

宗教・民族と国家を読む、必読ブックリスト

『宗教弾圧を語る』	小池健治／西川重則／村上重良	岩波新書
『出口なお―女性教祖と救済思想』	安丸良夫	岩波現代文庫
『巨人出口王仁三郎』	出口京太郎	講談社文庫
『邪宗門』（上・下）	高橋和巳	朝日文庫
『同志社大学神学部』	佐藤優	光文社
『エラスムスの勝利と悲劇』	シュテファン・ツワイク	青磁社
『ツヴァイク全集』「権力とたたかう良心」	シュテファン・ツヴァイク	みすず書房
『モッキンポット師の後始末』	井上ひさし	講談社
『黒い福音』	松本清張	新潮文庫
『ポスト世俗化時代の哲学と宗教』	ハーバーマス／ラッツィンガー	岩波書店
『哲学の社会的機能』	ホルクハイマー	晶文社
『哲学的・政治的プロフィール―現代ヨーロッパの哲学者たち』	ハーバーマス	未来社
『コミュニケイション的行為の理論』	ハーバーマス	未来社
『認識と関心』	ハーバーマス	未来社
『日本人の自伝11 大川周明』「安楽の門」	大川周明	大川周明顕彰会
『近代日本思想大系21 大川周明集』	大川周明	筑摩書房
『大川周明全集』（第4巻）「北一輝君を憶ふ」	大川周明	大川周明全集刊行会
『佐藤雄能先生伝』	大川周明	明治書房
『石原莞爾 その虚飾』	佐高信	講談社文庫
『ドキュメント昭和天皇』	田中伸尚	緑風出版
『単一民族神話の起源―〈日本人〉の自画像の系譜』	小熊英二	新曜社
『河豚計画』	トケイヤー／シュオーツ	日本ブリタニカ
『てっぺん野郎―本人も知らなかった石原慎太郎』	佐野眞一	講談社
『アラビアン・ナイト』	前嶋信次訳	平凡社
『復興亜細亜の諸問題』	大川周明	中公文庫
『インドで考えたこと』	堀田善衛	岩波新書
『日米開戦の真実―大川周明著「米英東亜侵略史」を読み解く』	佐藤優	小学館文庫
『米英東亜侵略史』	大川周明	第一書房
『大川周明―ある復古革新主義者の思想』	大塚健洋	講談社学術文庫
『東京裁判』	スミルノーフ他	大月書店

※本文中には紹介されていませんがお薦めです
■…佐高信セレクト　■…佐藤優セレクト

『マルクスに凭れて六十年―自嘲生涯記』	岡崎次郎	青土社
『実録満鉄調査部』	草柳大蔵	朝日文庫
『昭和動乱期の回想―民族への自叙「民族運動六十年史」中谷武世回顧録』	中谷武世	泰流社
『イスラーム世界の歴史的展開』	三浦徹	放送大学教育振興会
『民族と国家―イスラム史の視角から』	山内昌之	岩波書店
『聖書　新共同訳』	共同訳聖書実行委員会	日本聖書協会
『仏教の思想』	梅原猛ほか共著	角川ソフィア文庫
『存在の分析〈アビダルマ〉』	桜部建／上山春平	角川ソフィア文庫
『日本の土着思想―独創的なリベラルとラディカル』	上山春平	弘文堂
『大東亜戦争の意味―現代史分析の視点』	上山春平	中央公論社
『危険な言語』	ウルリッヒ・リンス	岩波新書
『エスペラントの世界』	栗栖継	非売品
『極光のかげに』	高杉一郎	新潮文庫
『冒険に出よう―未熟でも未完成でも"今の自分"で突き進む。』	安藤美冬	ディスカヴァー・トゥエンティワン
『人類史のなかの定住革命』	西田正規	講談社学術文庫
『公共性の構造転換』	ハーバーマス	未来社
『認識と関心』	ハーバーマス	未来社

『未来としての過去』	ハーバーマス	未来社
『エスペラント―異端の言語』	田中克彦	岩波新書
『エスペラント小辞典』	三宅史平編	大学書林
『ニューエクスプレス　エスペラント語』	安達信明	白水社
『ザメンホフ―エスペラントの父』	伊東三郎	岩波新書
『嵐のなかのささやき』	長谷川テル	新評論社
『反体制エスペラント運動史』	大島義夫／宮本正男	三省堂
『エスペラント四週間』	大島義夫	大学書林
『対論　言語学が輝いていた時代』	鈴木孝夫／田中克彦	岩波書店
『ラヴローフのナロードニキ主義歴史哲学―虚無を超えて』	佐々木照央	彩流社
『イスラーム―回教』	蒲生礼一	岩波新書
『岩波　イスラーム辞典』	大塚和夫他編	岩波書店
『イスラーム教を知る事典』	渥美堅持	東京堂出版
『コーラン』	井筒俊彦訳	岩波文庫
『イスラーム文化―その根底にあるもの』	井筒俊彦	岩波文庫
『意識と本質―精神的東洋を索めて』	井筒俊彦	岩波文庫
『イスラーム思想史』	井筒俊彦	中公文庫

『マホメット』	井筒俊彦	講談社学術文庫
『ロシア的人間』	井筒俊彦	中公文庫
『ハディース―イスラーム伝承集成』	ブハーリー	中公文庫
『近代 未完のプロジェクト』	ハーバーマス	岩波現代文庫
『イデオロギーとしての科学と技術』	ハーバーマス	平凡社ライブラリー
『他者の受容―多文化社会の政治理論に関する研究』	ハーバーマス	法政大学出版局
『公共性』	齋藤純一	岩波書店
『自由』	齋藤純一	岩波書店
『事実性と妥当性』	ハーバーマス	未来社
『テロルの時代と哲学の使命』	ハーバーマス／ジャック・デリダ	岩波書店
『史的唯物論の再構成』	ハーバーマス	法政大学出版局
『人間の将来とバイオエシックス』	ハーバーマス	法政大学出版局
『回教概論』	大川周明	ちくま学芸文庫
『歴史という武器』	山内昌之	文藝春秋
『リーダーシップ―胆力と大局観』	山内昌之	新潮新書
『中東 新秩序の形成―「アラブの春」を超えて』	山内昌之	ＮＨＫブックス

『嫉妬の世界史』	山内昌之	新潮新書
『帝国とナショナリズム』	山内昌之	岩波現代文庫
『スルタンガリエフの夢―イスラム世界とロシア革命』	山内昌之	岩波現代文庫
『政治家とリーダーシップ―ポピュリズムを超えて』	山内昌之	岩波現代文庫
『イスラームとアメリカ』	山内昌之	中公文庫
『イスラームと国際政治―歴史から読む』	山内昌之	岩波新書
『民族問題入門』	山内昌之	中公文庫
『歴史家の書見台』	山内昌之	みすず書房
『文明の衝突から対話へ』	山内昌之	岩波現代文庫
『ラディカル・ヒストリー―ロシア史とイスラム史のフロンティア』	山内昌之	中公新書
『いま、なぜ民族か』	蓮實重彦／山内昌之編	東京大学出版会
『「イスラム原理主義」とは何か』	山内昌之	岩波書店
『現代のイスラム―宗教と権力』	山内昌之	朝日新聞社
『「反」読書法』	山内昌之	講談社現代新書
『世紀末のモザイク―民族から読みなおす世界史』	山内昌之	毎日新聞社
『瀕死のリヴァイアサン―ロシアのイスラムと民族問題』	山内昌之	講談社学術文庫

第二章　家族と国家

「武士道」より「武士の娘」

佐高　家族と国家の関係を考えるなら、『ある明治人の記録』から。編者は石光真人《いしみつまひと》。一九七一年の刊だけど、長く読み継がれている本です。今私の手元にあるのは四〇版。

佐藤　会津藩士の息子で元陸軍大将・柴五郎の少年時代の話ですね。戊辰《ぼしん》戦争で会津藩が落城して、母と祖母と姉妹は自決、生き残った父やきょうだいとともに屈辱に耐えつつも会津人としてのプライドを捨てることなく成長していくという。

私がある意味で感心したのは、沖縄と対比した場合、会津というのはやっぱりこういう人たちがいたから、日本に同化することができたということです。会津は歴史上であれだけの経験を経ているのだから、民族として別の方向、つまり「会津民族」の形成に進んでもよかったわけです。

佐高　同じ戊辰戦争で、私の故郷・庄内は最後は無血開城している。それに対して会津は最後まで抵抗して破滅の道をたどった。

かつて自民党政権で外務大臣を務めた伊東正義は会津の出身ですが、彼は白虎隊《びゃっこたい》に対して疑問を呈しているんです。話としては美しいけれども、白虎隊をあのような悲劇的な結末に向かわせたリーダーははたしていかがなものかと。
それから佐藤さん、この柴五郎の話もそうだけど、当時の武家社会ではこうやって攻め落とされる状況になったとき、女性が自決したという話がありますね。でも自決しないで逃げたという家もある。それはまた一色じゃないんだなと思いましたね。
佐藤　私は率直にいって、この本を読んで、武士というのは愚かなまがまがしい連中だなと思いました。日常的に人殺しを仕事にしているからですね。やっぱり百姓のほうが断然共感を持てますね。
佐高　でもだから逆に、この本が長く読まれているのかもしれない。武士道というのはある種の倫理なんでしょうけれど、なんか宗教っぽいですよね。
佐藤　宗教っぽいですし、基本的には殺人が仕事なわけですから。
それから、武家の「家の思想」というのが嫌ですよね。伴侶が死んでも家だけがつながっていればいいという発想ですから。この発想というのはむしろＤＮＡに近い感じがしますね。生物がいろいろと体を変えて、次々とＤＮＡを残していくことだけを考えているんだという。
佐高　新渡戸稲造《にとべいなぞう》の『武士道』がいまだに売れているというのは、都合がいいからでしょうね。日本はこういう国だというふうに思わせたほうが都合がいいという人たちがたくさんいるんです。

佐藤　その観点から読んでほしいのが杉本鉞子《えつこ》の『武士の娘』です。長岡藩に生まれて結婚のためアメリカに渡った著者の体験談なんだけど、最初はプロテスタント系の長崎書店から、反米的な解説をつけて戦時中に出てるんです。

しかし、実際は日本がいかにリベラルであるか、軍国主義的な価値観と違うものを、武士の伝統から導き出した。そしてこの本がアメリカで人気を博したことで、日本人に対する偏見がだいぶ取り払われたと思います。その功績は大きいと思うんです。

佐高　上から下まで武士道ではないということですね。一色ではない。

佐藤　ただ、私はある時期から武士に対する思い入れというのが、全然なくなっちゃったんですよね。それはおそらく、鈴木宗男さんの影響だと思うんです。鈴木さんの闘いというのは、どこから見ても百姓の闘いですから。

佐高　私なんかいまだに時代劇チャンネルで二〜三時間費やしちゃうけどね。見たあと虚しくなるんだけど。

あと同じ石光真人編で、『城下の人』。これは真人のお父さんの真清《まきよ》の手記をまとめたもの。全四部作で二が『曠野《こうや》の花』、三が『望郷の歌』、四が『誰のために』。

佐藤　熊本・細川藩の武士の四男に生まれ、明治・大正・昭和と動乱の人生を生き抜くという。

日露戦争時にハルビンで写真屋をやりながら諜報《ちょうほう》活動をする。読みやすい本であっという間に読めてしまいます。でもたぶん、三分の一くらいは脚色が加えられているような感じがします。

家族を読み解く良書

佐高　家族を読み解くということでいえば、高橋和巳の『悲の器』なんか面白かったね。家政婦から婚約不履行で訴えられて破滅の道をたどる大学教授の葛藤《かっとう》。

佐藤　これもロングセラーですね。あと家族を扱ったものでは角田光代さんの『空中庭園』がいいと思うんです。一五歳の女子高生を振り出しに、父親、母親、祖母、父親の愛人、弟とそれぞれの独白で構成されています。一つの出来事をいくつかの側面から見ている。六人の視点から書いているんです。

その家では家族の中では隠し事を一切しないという建前がある。ところが、実際にはみんな、隠し事だらけという家なんです。

角田光代さんは、天才的な構想力を持っている。描き方が面白いですよ。ただ、男のほうから見ると、角田さんの作品にまともな男は一人も出てこない。役に立たない男か弱い男か有害な男ばっかり。

佐高　なるほどね。向田《むこうだ》邦子でも『家族熱』はじめ、女がしたたかで元気です。

佐藤　戦時中に文部省が作った『國體の本義』は日本を誤った方向に進ませた禁書とされているけれど、これなんかは、家族ということをフィクションとした上で、それを同心円的に国家に拡大していったものだと読むことができるわけです。その意味でかなり重要だと思います。日本の保守派が「日本の国を新しくする」とか何とかいい出すときは、だいたいが『國體の本義』に基づいているんですよ。

佐高　国家と宗教、国家と家族という話だよね。

佐藤　そうです。それから、家族ということだったら、どうしても避けることができないのは、やっぱりヘーゲルになってくると思うんですね。ヘーゲルについては第六章でまた話しますが、ドイツ語でSittlichkeit、人倫という言葉があります。変な訳だけれども、要するに人と人とのあるべき関係というようなこと。ヘーゲルは、人倫はまさに家族なんだというんです。企業にしても、何にしても家族のアナロジーで全部考えているんだということです。

佐高　哲学者の和辻哲郎が「人倫的国家」ということをいっていますね。

佐藤　和辻倫理学ですね。これも結局は、国家が家族の同心円上にあるという発想です。だから和辻的な国家観というのはダメなんですよ。どうしてかというと、国家というのは戦争をするという要素があるわけだし、国民から税を搾取するという暴力性があるわけですよね。

でも家族の同心円上の国家観というのは、その国家の暴力性が全部見えなくなって破綻《はたん》しちゃうんですよ。だから裏返すと、国家の暴力性を隠蔽《いんぺい》するときには必ず、「家族国家観」ということをいい出す。

佐高　みんな天皇陛下の赤子であるというわけですね。

家庭が失った機能

佐藤　それと現代の家族のあり方で一番の特徴は、圧倒的多数の人にとって家庭が生産の拠点じゃなくなってることなんですよ。結婚している夫婦が一緒に過ごす時間が今ほど短いのは人類史上おそらく例がないでしょう。

佐高　農家とか商店とかだと、夫婦はずっと一緒だよね。

佐藤　そこでは夫婦関係がやっぱり違うんですよ。サラリーパーソンのところの夫婦と自営業者や農家とはね。農家や商店では、結構夫婦対等なんです。

佐高　夫婦とも働き手だからね。

佐藤　駄菓子屋さんとか、金物屋さんとか八百屋さんなんかの商店も夫婦対等。

佐高　一方でサラリーマンは完全に隷属ですよね。

佐藤　そうです。だからサラリーマンの発想というのは、むしろ武士に近い。

佐高　そうそう。

佐藤　百姓は対等なんですよ。

佐高　佐藤さんにいったかな。私は二二歳で学校の先生、農業高校の教諭になったんです。それで保護者会か何かで、農家の嫁さんたちがみんな酔っ払っていて、「この頃の若い男は」とかやっていて、「おい、新米の先生こっち来い！」とか呼ばれるんです。そんなとこに行ったら大変なことになる。

同性婚が提起するもの

佐藤　最近、「家族を大切にしよう」と自民党がいってますよね。

佐高　そう、いい出した。

佐藤　これもさっきの「家族国家観」の話につながるんだけど、結局は政府による福祉を切り捨てて、その負担を家庭に押しつけるという発想ですよね。家族的価値観の尊重とか家族の復活ということとは全然関係ない。

佐高　思いはあるけれども現実的に助けられない家族のことを考えていないんですね。たとえば深沢七郎の『楢山節考《ならやまぶしこう》』の姥捨《うばすて》なども、思いがあるから捨てざるを得ない気持ちを代弁している。

佐藤　私も同じ感想を持ちました。それからもう一つ気になるのは、ほとんどの日本人が学校や会社で、ずっといつも同年齢の人たちと横並びで進学し、勉強し、働いているという時代性です。周囲がほぼ同じ年齢で固まっているというのも、人類史上きわめて珍しいことなんです。昔は徒弟制度だって何だって年齢はバラバラだった。農家だったら、家で親の仕事を見ながら手伝ってきたわけです。

われわれは自分たちが経験しているところの鏡を通して過去を見るわけですよ。同年代の人間しか知らないとなると、価値観が固まってしまう。

佐高　いわゆる忘年の交わりがないんですね。

佐藤　そうすると家族の問題において、これから何がクローズアップされてくるかというと、「同性婚」をどう理解するかということなんです。この問題で最近いいなと思うのは、首都大学東京准教授の木村草太さんですね。

佐高　ああ、彼ね。

佐藤　憲法二四条「婚姻は、両性の合意のみに基いて成立し」について、彼の読み方はそこに同性婚を認めるんです。あれは家とか家長とかの承認が要らないという意味であって、その趣旨に照らして、同性婚を現行憲法は認めていると読むのが普通だというんですね。

佐高　それはしかし、少数意見でしょうね。

佐藤　少数意見だけどこれから強くなると思うんです。だから、どういうベクトルを指向しているのかと。固定した文字として読むんじゃなくて方向性を見るんだと。

佐高　へえ、それは面白いね。

佐藤　家族の問題でこれから重要になるのは同性婚の問題だと思うんですよ。日本人の感覚がずれてるのは、やはり同性婚であるとか同性愛者の権利、それから同性同士で家庭を作って、そこで養子を取ってくるとか、そういうようなことに関しての寛容さが非常に薄いんですよね。その点で日本の文化はロシアと近い。

佐高　ああ、ロシアと近いね。

佐藤　今の時代はそういうことを本や雑誌を通して学んでいかないといけないと思うんです。

ナチズムを描いた出色のノンフィクション

佐藤　あと家族を壊す極限的な状況は何かといったら、やっぱりナチズムを考える必要があると思うんですよ。『アンネの日記』ですね。あれをもう一回、家族とは何かについて考えるという観点から読むといいと思う。

それからあまりメジャーではないけれども、ミルトスという出版社から出ている『マスコット』という本があるんですよ。これは、ユダヤ人の子どもが五、六歳のときに虐殺を逃れるために森をさまよって、ユダヤ人狩りをする部隊に捕らえられ、少年兵として迎え入れられるんです。そこで、マスコット的な存在として、すごくかわいがられる。これは上質のノンフィクションです。

佐高　ノンフィクション？

佐藤　ノンフィクションです。私がここ二〜三年で読んだノンフィクションの中でもっともいいと思ったものの一つです。

佐高　それから、家・家族を読む本ということだったら、『漱石の思い出』。夏目鏡子が回想したのを婿の松岡譲《ゆずる》が書いた。

佐藤　ああ、あれですね。これを読むと漱石って今でいうＤＶ夫ですね。精神状態が尋常ではない。家族は大変な苦労をしているんです。普通というか、調子のいいときもあったんだけど。

佐高　漱石は家族を語るときに欠かせないね。

佐藤　岡田尊司《たかし》の『愛着障害』が、漱石を読み解くときに参考になると思うんです。漱石というのは子どもの頃から家を出されていて、一番若い時期に本当に信頼できる人との絆《きずな》ができなかったんです。だから愛着障害が端的に出ていると岡田さんは分析しています。これは説得力が結構ありましたね。岡田さんは精神科医です。

国家に抗《あらが》う流儀

佐高　亡くなったけど漫画家の杉浦日向子《ひなこ》という人がいたでしょう。あの人のお父さんというのは日本橋の呉服屋の生まれで、吉原で財産をほとんどつぶしてるんですね。

それで後年、杉浦さんが文春漫画賞をもらったときのパーティに私、城山三郎さんと一緒に出たことがあったんです。そのパーティには杉浦さんのお父さんも来ていたんですよ。そこで杉浦さんのお父さんと城山さんは同じ昭和二年生まれだということがわかった。

ところが同じ年齢でも、片や城山さんは一七歳で海軍を志願して、片や杉浦さんのお父さんは吉原で遊んで家業を傾けたわけですよ。そこを城山さんが心から感心しているわけ。あの時代にそういう生き方をするなんて自分には考えられなかった、あのときに遊べるというのはすごいことだといって。
佐藤　要するにあの時代において遊ぶというのはどういうことかというと、まさに「反戦」なんですよ。
佐高　そう、そうです。
佐藤　戦時中の「贅沢《ぜいたく》は敵だ」という標語に「素」を書き加えて「贅沢は素敵だ」と揶揄《やゆ》した、あのセンスなんですよね。
佐高　つまりお国のことしか考えてはいけない状況なのに、違うことを考えているということですね。
佐藤　そしてそれを実践していると。決して主人公にはなり得ない、だらしない「優男《やさおとこ》」という感じなんだけども、そういう人がいないとリベラリズムというのは成り立たないんです。そういう人を排除する時代になったらいけないんですよ。
佐高　その通り。
佐藤　だからそういう人が息苦しくなってくる雰囲気がすごくよくわかります。
佐高　城山さんがあまりに真っ直ぐにほめるものだから、杉浦さんのお父さんは「いや、いや、いや」と体を小さくして恐縮してしまってね。

この流れに、もうちょっと金持ちでないところで乗っているのは山之口貘《やまのくちばく》（沖縄の詩人）ですよね。

佐藤　山之口貘というのは、とにかく紙を大量に使ったらしいですね。作品は多くないけれども、ものすごい量の原稿用紙を使って、何回も推敲《すいこう》を重ねてと、そういう人だったようですね。

佐高　山之口貘の詩を高田渡《わたる》が歌うんですよ。「生活の柄《がら》」とかね。高田渡は若い人に支持されていたけれど、山之口貘なんかがもっともっと書いてほしかったね。とっくに亡くなっているけれど。

佐藤　山之口貘は沖縄においては神格化されてるんですね。沖縄人の心情を打つんです。琉球新報には「山之口貘賞」という賞もありますよね。

佐高　でも本土ではあまり知られていないのは残念ですね。評伝も何冊かある。今、私の本棚に並んでいるのは、謝花長順《じゃはなちょうじゅん》の『貘さんおいで』と知念榮喜《ちねんえいき》の『ぼくはバクである』、そして高良勉《たからべん》の『僕は文明をかなしんだ』です。

家族と国家を読む、必読ブックリスト

『ある明治人の記録』	石光真人	中公新書
『武士道』	新渡戸稲造	岩波文庫
『武士の娘』	杉本鉞子	ちくま文庫
『鉞子─世界を魅了した「武士の娘」の生涯』	内田義雄	講談社
『城下の人』	石光真清	中公文庫
『曠野の花』	石光真清	中公文庫
『望郷の歌』	石光真清	中公文庫
『誰のために』	石光真清	中公文庫
『悲の器』	高橋和巳	新潮文庫
『我が心は石にあらず』	高橋和巳	新潮文庫
『空中庭園』	角田光代	文春文庫
『対岸の彼女』	角田光代	文春文庫
『八日目の蝉』	角田光代	中公文庫
『家族熱』	向田邦子	文春文庫
『岸辺のアルバム』	山田太一	光文社文庫
『國體の本義』	文部省	文部省
『日本国家の神髄─禁書「国体の本義」を読み解く』	佐藤優	産経新聞出版
『倫理学』	和辻哲郎	岩波文庫
『人間の学としての倫理学』	和辻哲郎	岩波文庫
『風土』	和辻哲郎	岩波文庫
『楢山節考』	深沢七郎	新潮文庫
『憲法の創造力』	木村草太	NHK出版新書
『アンネの日記』	アンネ・フランク	文春文庫
『マスコット─ナチス突撃兵になったユダヤ少年の物語』	マーク・カーゼム	ミルトス
『漱石の思い出』	夏目鏡子述／松岡譲筆録	文春文庫
『こころ』	夏目漱石	新潮文庫
『三四郎』	夏目漱石	新潮文庫
『それから』	夏目漱石	新潮文庫
『門』	夏目漱石	新潮文庫
『愛着障害─子ども時代を引きずる人々』	岡田尊司	光文社新書

『マインド・コントロール』	岡田尊司	文藝春秋
『山之口貘全集』	山之口貘	思潮社
『貘さんおいで―山之口貘の詩と人生』	謝花長順	琉球新報社
『ぼくはバクである―山之口貘 keynote』	知念栄喜	まろうど社
『僕は文明をかなしんだ―沖縄詩人山之口貘の世界』	高良勉	彌生書房
『かなたの子』	角田光代	文藝春秋
『曾根崎心中』	角田光代	リトルモア
『月と雷』	角田光代	中央公論新社

※本文中には紹介されていませんがお薦めです

…佐高信セレクト

…佐藤優セレクト

第三章　戦争・組織

名前のない主人公

佐高　満州事変の前夜から太平洋戦争の終結までのほぼ一五年を、史実に忠実にこだわりながら、しかも架空の人物の物語も織り込んで描ききったのが、五味川《ごみかわ》純平の『戦争と人間』です。

佐藤　『戦争と人間』で面白いなと思うのは、五味川純平はこのテーマに基づいて三回、書いているんです。

まず最初に書いたのが『人間の條件』です。これはフィクションで、梶という人物を主人公にしています。この梶が面白いのは、下の名前がないことなんですね。なぜかというと、軍隊であれ会社であれ、梶については、苗字しか必要としない世界だからです。家では美千子という奥さんが出てくるんだけれども、「あなた」という表現で、一切下の名前が出てこない。私はこれは、五味川純平のかけたものすごい縛りだと思うんですよ。

佐高　それは意図的にですかね？

佐藤　そう思います。それによって不自然さがないようにどうやって小説を書いていくかという、ものすごい大きな縛りだったと思うんですね。

それで考えてみると、企業でも官庁でも、基本的には苗字しか知らない社会ですよね。軍隊というのは、それが一番煮詰まっているところだと思うんです。ただ、それでは書ききれないことがあったということです。

そして二作目に書いた『戦争と人間』には、非常に不思議な前書きがついています。「感傷的まえがき」というタイトルです。その中で、「この長篇の終幕ははっきりしている。しかし、そこへゆきつくまでに、どれだけの巻数と年月が必要か、そして、そこなわれた歴史の質量を、人間という比重の単位によって測定しようとする私のこの途方もない試みが、どれだけ果されるか、予測はできない」と書いているんですが、結局『人間の條件』で自分と等身大のインテリを描くことにおいては、あの戦争の構造を書けなかったということなのでしょう。

だから、視座を変えてみたわけですよね。架空の伍代財閥というのを作って。これがやっぱり面白かったと思うんですよ。だから、彼が前書きでいっています。

「戦争が人間に教えた嘆きと怒りは、その一断面を『人間の條件』で書き得たかもしれない。けれども、戦争と人間の、多様な、重層的な、錯綜した、いのちがけの、しかも時にはきわめて無意味な諸関係には、ほとんど筆が及ばなかったことを自覚せずにはいられなくなった。ソ連への短期間の旅行を終え、日常生活に戻ってから、その問題は、私のなかで凝結作用と膨張作用を反復していたらしい。正直、私には、取組んだら大変なことになるというためらいと、おそれがあった。私は、それとの対決を先へのばしていた。決して逃れられないことを知りながら」

佐高　『人間の條件』は、もちろん組織の中の人間を描くんだけれども、人間に焦点を当てているわけですよね。ところが、それでは戦争を描けないということです。

佐藤　部分的にしか描けないということです。一部の断面を提示することで「これが戦争だ」とはいえない。

佐高　そこで、組織の中の人間、組織と人間という難しい問題に挑戦したと。

五味川純平の誠実さ

佐藤　それでもう一ついいたいのは、『戦争と人間』を書くプロセスにおいて、五味川は『人間の條件』と同じテーマをノンフィクションで書いているんです。『虚構の大義』です。『人間の條件』と相当程度のところが重なるんですが、主人公はスーパーマンのような梶ではない、ドキュメントとして等身大の自分の姿も書いています。

同じテーマを三回書くというのは、作家としてはものすごく大変な話だと思うんですよ。でも、五味川純平の強さは、そこまでして自分史にこだわるということです。自分史にこだわる中で、それに大きな構造の拡がりを持たせるということです。
それから、小説で脚色しすぎたと思うところは、もう一回、等身大の自分に引き寄せるということでやっているので、それを『戦争と人間』でつなぐということは、やっぱり彼の物書きとして、人間としての誠実さなんですよね。

佐高　自分を苦悩の極地に追い込んだ戦争を解明せずにはおくものかという凄《すさ》まじい熱気がありますね。それは枯れることがない。

佐藤　『戦争と人間』の前に『人間の條件』が大ヒットしていて、あれだけのベストセラーを出すと、作家としては同じテーマで二作目を書くのは怖いと思うんです。だからそのために、『戦争と人間』と『人間の條件』の間で非常に重要になった作品がもう一つあります。『孤独の賭け』です。

『孤独の賭け』は、彼の書いたものの中ではいい作品とはいえません。要するにキャバレー王と、その横にいて底辺から這《は》い上がってきた女の話です。ただ、主人公の乾百子《いぬいももこ》という女性の描き方のところで、これは私の『功利主義者の読書術』に詳しく書いたのですが、乾百子の姿が『戦争と人間』の由紀子になっているんですよ。つまり、一度『孤独の賭け』という作品で女性を主人公とした大衆小説、通俗小説を書いている。そこのところで、自立した女性の動かし方を実験しているわけですよね。

佐高　「女はいつでも待っているとお思いになった?」というセリフですね。男は女がいつまでも待っていると思ったら間違いだという。

佐藤　そうです。だから、まさに『戦争と人間』の由紀子は、むしろ『孤独の賭け』のほうで作られているんですよ。つまり、非常に周到に、やっぱりこれはライフワークとして作ったんだということです。

現代史の必読書

佐高　五味川のこれらの作品で、佐藤さんでも私でもわからないところは、軍隊でしょう。

佐藤　そうですね。

佐高　軍隊というのは、つまり戦争ですよね。それで、私が澤地久枝《さわちひさえ》さんと『人間の條件』について話したときに、捕虜でなくて工人が逃げようとしているときに捕まえて、首を切りますよね。

佐藤　特に特殊工人ですね、共産匪《きょうさんひ》。何人か首を切ります。

佐高　そのとき、梶が止めに入るでしょう。それで梶がすごいリンチにあってやられるわけです、何で止めるのかと。ああいうときに私なんかはね、あれはあり得ないだろうと思うわけです。つまり、あんなことをしたら、梶も切られてしまうだろうと。

佐藤　やっぱりわれわれは、旧陸軍の軍人をあまりにお化けのように捉えているので、そう受け止めるのだと思います。実際には彼のような抵抗も可能だった。

これと似たようなシーンは、深田祐介の『炎熱商人』の中で日本兵がフィリピン人をリンチにかけるところで、プールに入れて何度もリンチにかけていて、抵抗しないから殺してしまうというのがあります。そのとき、もう少し頑張れば生かしてやったのにと、確かそのへんの姿が描かれているんですよ。だから抵抗する者に逆に一目置くとか、腐れ武士道みたいな感じですよね。

佐高　そのへんを、たとえば野間宏の『真空地帯』を読んで、軍隊はとんでもないところだと思いすぎると、理解が及ばないところが出てくるんです。

佐藤　そう思います。あまりに旧軍がひどいところだという固定観念を持つと、逆に今度はそこで危険なのは、今の外務省や財務省、そして企業というのは、実は軍隊とそんなに変わりがないところがあるといった点が見えなくなります。軍隊だけが非常に遠いところにいってしまって、まったく異質なところだと思ってしまう。

たとえば、私の唯一の小説である『外務省ハレンチ物語』にも書きましたが、役所や企業にはある種いじめやセクハラのような問題は今もありますよね。こういう文化があるというのは、要するに旧陸軍のような文化があるからなんですよ。それから出先の大使館の公電をいろいろといじったり情報を握りつぶしたりして事実を曲げることをやっている。私も一九九一年三月にゴルバチョフソ連大統領の権力基盤がゆらぎはじめていて、クーデター計画さえあるという情報を共産党幹部から取ったのですが、こんな情報を公電にすると四月に予定されているゴルバチョフ訪日に悪影響があると握りつぶされたことがあります。これも軍隊なんですよ。旧陸軍でやっていたことが、全然今も変わっていないということです。

人間は、極度に異質なところで長い間生きていくことはできません。軍隊もこの世の生き地獄というわけでもなくて、軍隊は軍隊なりの楽しさがあり、その中にいじめもあるということです。

佐高　『人間の條件』でも『戦争と人間』でも、いろんな状況の中の人間の生き方みたいなものを、ある種等身大で描いているんですよね。だから、まさに現代史の必読書なんですよ。

佐藤　そう思います。会社の中の卑猥《ひわい》さなんていうのも、よく現れていますよね。だから、企業小説として読んでも面白いと思うんです。

佐高　私が五味川純平に、「経済小説のモデルたち」というテーマで取材に行ったことがあるんです。あとで澤地久枝さんに、よくインタビューを受けてもらえたねといわれたのですが、喉頭がんをやったあとで声がよく出なくて、空気でしゃべるしかない。そんな状態でしたが、インタビューの最初にずばり、「戦争は経済だからね」といったんですよ。経済的要因で戦争は起こるのであり、その意味で、まさに経済小説だ、と。

佐藤　そうでしょうね。

小説としては破綻した失敗作

佐藤　『戦争と人間』は、五味川がライフワークとして書いたもので、先ほどの組織の中の人間、組織と人間という難しい問題にも挑戦しているのですが、最後は力尽きて破綻していますよね。登場人物のフェードアウトのさせ方が全部失敗しているんです。

標耕平を、インパール作戦が終わったところでチンドウィン河の中で無意味に殺してしまうというのは、小説として破綻しています。それから伍代俊介にしても、手帳の絵が幾つかこぼれていてどうも匪賊に殺されたらしいという印象のところで終わっている。

そういう死なせ方というのは、小説としてまとめることをまったく放り投げているわけです。

しかも、最後の一八巻の、「生きていて、少しも愉しくない」という投げやりそのもののあとがきを書いて終わりになっているんですよね。この部分は、全集版では削除されていますが。だから小説の構成としては、完全に破綻しています。

なぜ力尽きたのかというと、全集版のほうの「感傷的あとがき」では触れていますが、この作品の巻末にある膨大な註を書いている澤地久枝さんが、途中から参加できなくなってしまったことが非常に大きいと思うんですよ。そのために、この本は途中から注がほとんどなくなっていて、そのとたんに作品が非常に荒くなっているんです。

佐高　痩せてきたんですね。

佐藤　そうです。この小説は事実上、作・五味川純平、協力・澤地久枝で、二人の名前が並ばないといけないない小説ですよね。それが澤地さんが途中で抜けてしまったことで、次第に書く意欲がなくなって、きっと書いていて楽しくなくなってしまったんでしょう。

話が逸れますが、カール・バルトの『教会教義学』という長大な著作があるのですが、キルシュバウムという女性の協力者がいるんですよ。彼女のことは、『才女の運命』という本が日本語になっています。男性の陰に隠れてしまった女性たちの列伝です。

バルトには音楽家の奥さんがいるんですが、そもそも女癖があんまりよくないんですね。それでキルシュバウムに、「君は素晴らしい才能があるから、是非私の手伝いをしてくれ」「夜中にぱっと閃いたりしたことがあったのですぐに手伝ってもらわないといけない」といって、自分の家で一緒に住むようになるんです。それでカール・バルトの弟子が書いた公式伝記には、「キルシュバウムを連れてきたことによってバルト家は大変な苦難を背負うことになった」と書いてあります。最後は、家族間の軋轢《あつれき》とかいろんなことがあって、キルシュバウムが脳に障害を持ってしまうんです。それで彼女が看護施設に入ったら、バルトは『教会教義学』をほとんど書けなくなった。五味川純平にすごく感じが似ています。

そういうようなところを見ても、『人間の条件』との違いは、『戦争と人間』は共作、合作なんですよ。

佐高　設定までいろいろなかたちで議論したと、澤地さんがいっていますね。それで先ほどの失敗作という話ですが、失敗作であっても、戦争を描いたものでこれ以上のものはないんですよね。

佐藤　日本人の手によるものでは、これ以上のものはないです。失敗作でも、天才的な失敗作ってあるんですね。たとえばドストエフスキーの『カラマーゾフの兄弟』なんて、完全な失敗作ですよ。あの小説も中途で終わっているわけですからね。

『戦争と人間』は、日活の映画のほうがおそらく構成としてはよくできていると思います。たとえば柘植《つげ》大佐（映画では死ぬときに少佐）だって、小説ではいつの間にかフェードアウトして出てこないのですが、日活の映画ではノモンハン事変で自決させているんですよね。

佐高　だから順序としては、映画を観たあとに原作を読んだほうがいいかもしれないですね。

佐藤　そう思います。そもそも、原作よりも映画のほうが影響を与えたと思うんですよ。吉永小百合も出てくるし。映画は、当初予定していた第四部は作られなかったにせよ、ひとまず完結していますから。

佐高　映画で大づかみに流れをつかんで、そのあとで原作を丁寧に読むのがいいですね。

金持ち、財閥を描く難しさ

佐高　『戦争と人間』が壮大な失敗作にしろよかったところは、伍代財閥という新興財閥を設定して、その中の人間の動きを描いたことですね。

一般的に、作家には金持ちとか財閥というのはよくわからないんです。

たとえば、佐木隆三さんが作品の中で新日鉄のことを書こうとしたんですよ。ところが佐木さんではわからないんですよね。本人が重役とかと接していない。そうすると、彼らがどういうことを話題にするかというのがわからないから、『冷えた鋼塊』は失敗作なんですよ。

佐藤　その観点からすると、たとえば高橋和巳の『日本の悪霊』もそうですね。どこかの令嬢を誘拐してその令嬢が大使夫人になっているという話があるんですが、日本の制度では、そんな若い大使夫人というのは絶対にあり得ないんですよ。外務省の年次とか、大使にはどういう人がなるかというところがわかっていないからリアリティがないんです。もっとも私自身が学生時代に読んだときは面白かった。しかし、外交官になったあとで読み直してみると、ものすごく違和感が残るんですよね。

佐高　そこらへんを一応挑んだんですね。日本の小説はある種、私小説の伝統があるから日常の話がずっと延々と続くでしょう。ところが『戦争と人間』では焦点が財閥に当たっている。

佐藤　しかも、明らかにこれはモデルになっているのが鮎川財閥ですよね。

佐高　はい。日本産業、いわゆる日産コンツェルンです。

佐藤　鮎川財閥に関しては比較的、資料もよく出ているし。あとやっぱり満州国の建国とイコールで。満州国というのは実地研鑽《けんさん》しながら進んでいたから、そのへんが後ろの資料を見てもわかるように、調べやすかったんですね。

佐高　こういう新興財閥を設定したことによって、いわゆる三井・三菱の旧財閥との相克とかそういう話にも展開していきます。

帝国主義とグローバリゼーション

佐藤　私は、この伍代の三人の人物の描き方が非常にいいと思うんですよ。まずお父さん。

佐高　伍代由介。当主ですね。

佐藤　これが英米型のリベラル。しかし、適宜お手伝いにも手をつけている。それから伍代喬介、満州に行っている。

佐高　満州浪人。由介の弟ですね。

佐藤　こちらは豪快で、しかも最後は手榴弾で自決する。命根性は汚くない。

これは、振り子だと思うんですね。要するに、グローバリゼーションで国家は介入しないでください、商売だけやらせてくださいという流れと、国家と一体となって帝国主義的な進出をしていくというのと。帝国主義的な進出をしていくと「おれたちと一緒にやってるんだから、分け前を寄こせ」とどんどん取られて儲からなくなってくるから、「規制緩和で自由にしてください」と。交代で起きてくるんでしょうね。

そこで忘れてはならないのは長男の伍代英介で、卑劣の塊のようなこの男をうまく作り出したことですよね。日本軍が進出すれば中国人女性を強姦《ごうかん》する。アメリカに対して徹底抗戦だと勇ましい。それで親父の考え方が古いとかいって追い出しておいて、戦争に負けてアメリカが入ってくると、最後の少しのところなんだけれども、アメリカ人って悪いやつではないといって、べとっとくっついていくという。

佐高　石原慎太郎みたいな感じだね。

佐藤　卑劣漢をそのまま絵にしたような人間を描いたということです。

佐高　もう一人、英介の弟で伍代俊介が、日本の悩めるインテリみたいなかたちで出てくるわけでしょう。

佐藤　悩めるインテリですけど、適宜にスケベでね。お手伝いの苫ちゃんに手をつけたりとかして、ところが好きなのは邦ちゃんというのがちゃんといて。

佐高　インテリはスケベですからね。狩野温子という、映画では佐久間良子が演じる、兄貴の英介に捨てられた人妻にも恋するわけでしょう。

佐藤　温子は俊介より九歳年上です。満州に嫁いでいった温子を追いかけ、二人は結ばれるが、姦通罪になることを恐れ温子が離れていく。そして温子は通州事件で殺されてしまう。この作品の中で五味川純平が特別の思いを込めて書いている箇所です。

佐高　そのへんの設定が、やっぱり見事なんでしょうね。

壮大な虚構世界

佐高　五味川の『極限状況における人間』によれば、『戦争と人間』では、五味川は二〇〇人ばかりの実在の人物の戦犯リストを作って、実在の人物とフィクションの人物が交わらないようにしてしまったんです。ここがまた壮大な失敗作の原因でもあるんでしょうが、ものすごく窮屈な話になりますよね。

佐藤　ただ、それゆえに逆に面白いところもあります。虚構の人物を何人か入れることによって、逆に実在の人物が引き立ちますから。

登場人物が多いことに関してちょっと強調しておきたいのは、当時はコンピュータが普及していない時代だったということです。

コンピュータが普及してからは、歴史小説でもノンフィクションでも、プレーヤーが増えた場合に矛盾していないかどうかを検索によって全部チェックできます。でも、普及以前ではそれができないんです。数百人の人物を登場させることによる緊張度は全然違います。

たとえば、中里介山《なかざとかいざん》の『大菩薩峠《だいぼさつとうげ》』がありますよね。

佐高　全四一巻、新聞連載はほぼ三〇年に及んだ超大作ですね。最後は作者の死で未完に終わった。私も何度か挑戦して途中で挫折しています。

佐藤　彼は『大菩薩峠』を書いていたときに、部屋中のあっちこっちに登場人物の名前を書いていたんだそうです。それでも書いている途中で、自分でもわからなくなったというんですよね。

佐高　まあ、死ぬまでには読みたい作品ですね。「読まずに死ねるか！」という感じかな。

皇軍の伝統「念力主義」

佐高　『戦争と人間』の中には、統計・数字の話が出てきますね。数字が一つの抵抗の武器になり得る場合と、逆にトリックとして使われる場合があります。

そこで思い出すのは、新日本製鉄の副社長から九州石油の社長になった飯村嘉治《いいむらよしはる》が若き日に朝鮮の清津にいたとき、一回憲兵に捕まっているんですよ。それは何ということはない、まさに今につながる話ですが、国債とかをどんどん増発していった場合に、「はたして大丈夫なのか」ということですね。「かにかくに架空の数字あげつらい国策ひとつ生まれつつあり」という歌を歌人だった飯村さんは作った。「架空の数字から国策が生まれる」という痛烈な歌です。

それでひっくくられるわけです、別に反戦でもないのに。アベノミクスでも紙幣をどんどん刷るといっていますが、それを「大丈夫か」といっただけで引っ張られるようなものです。

その話はともかく、その両方の側面で数字というのは無視できないものとしてあるのが、この小説ではよく描かれています。

佐藤　数字がよく出てきて、数字も確かにそうだが皇軍の伝統もこうだというのを、辻政信にいわせているわけですよね。

佐高　皇軍の伝統というのは数字なんかは蹴飛ばすんだ、超えるんだというね。

佐藤　これは、主観的願望によって客観的情勢が変わるという話で、これについて見事に表現したのは小室《こむろ》直樹さんです。『ソビエト帝国の崩壊』の中で、「念力主義」と名づけたんです。

小室さんは、これは元寇《げんこう》がよくなかったんじゃないかといっています。神風で助かったという神話ができたので、ここから念力主義が生まれたと。この念力主義というのは素晴らしい表現だと思います。

佐高　数字のことでいうと、貧しかったから満州へという話が出てきますよね。ところが実際はそうじゃないんだと。軍隊の予算が、国家予算の半分以上、それから最後は七割ぐらいになったから貧しくなるわけですよね。狭い日本に住んでいたからうんぬんというけれども、そうじゃなくて軍隊ばっかり膨張させるから貧しくなるんだという話の展開を、きちんと書いていますよね。

佐藤　そうですね。でも、じゃあ軍隊を無目的に肥大させているのかというと、帝国主義的な時代の中だから、英米の帝国主義に対抗するためには軍隊を肥大させる以外の手段はないと、ここのところの構造もうまく出ているわけですよね。

佐高　そのやり取りの中で、ロンドン条約があり何条約がありと。

佐藤　そうです。たとえば日米戦争が始まる前のところで、アメリカの神父を通じた和解工作をやっていますよね。巻末の澤地さんの註のほうに出てきます。ところがその神父が、中国で秘密工作、スパイ活動をやっていたんだということを、澤地さんが日米戦争が始まる前のところで拾い出しています。

佐高　そうするとキリスト教と帝国主義の関係ですね。

佐藤　特にアメリカでは非主流派であるカトリック教会とアメリカの国益ということですね。

『統帥綱領』と『作戦要務令』

佐藤　日本の軍隊について語る場合に絶対にふれないといけないのは、『統帥綱領』と『作戦要務令』です。『統帥綱領』は高級指揮官に統帥に関する要綱を示したもので、特定の将校しか閲覧できませんでした。『作戦要務令』は戦術の教科書みたいなものです。大橋武夫さんという、陸軍で謀略を担当していて、戦後は軍隊経営とか戦略経営といった本を書いている人が、建帛社からそれぞれ一冊ずつ出しています。

ただし、この版の『統帥綱領』は実はこれはダメなんです。『統帥綱領』の中の一番重要な天皇に関する部分を、現在の事情と関係ないからと抜いているんです。それで、偕行社から会員限定で天皇の分も入ったものが出ていて、これがいいんです。

余談ですが、『統帥綱領』というのは門外不出で、占領軍がやってきたときに一部残らず廃棄してしまったんです。ところが、陸大で暗誦させていたんですね。それで独立が回復してから、陸大の中の特に優秀な参謀たちが暗誦していたものを皆で復元して本にした。これが偕行社から出ているやつです。

『統帥綱領』のポイントの一つは、独断専行です。それが部隊レベルに下りた『作戦要務令』でも、独断専行を非常に重視しているんですよ。

佐高　日本の会社とまったく一緒ですね。うまくいったら上司の手柄、まずくなったら部下の責任。

佐藤　そうなんです。旧軍の伝統がそのまま会社に受け継がれているところなんです。日本人の組織論とかものの考え方が、全部凝縮されている感じがしますね。

佐高　それとはちょっと違った態度を取ったのが、関東軍の司令官だった本庄繁という人です。満州で鉄道線路を爆破した柳条湖事件は、関東軍の参謀だった石原莞爾と板垣征四郎の策略ですよね。板垣と石原が上司の本庄を脅して、はんこを押させるわけです。

ところが、脅されてはんこを押したのに、本庄繁は終戦後に、「予一個の責任」という遺書を残して自殺した。つまり、押したほうが仮にも押したといって責任を取った稀有《けう》な例です。

結局、板垣征四郎はA級戦犯でやられますが、押させたほうの石原は生き延びるわけです。そして石原ほど今も変に崇拝されている人はいないですよね。

佐藤　それは、一つはやはり日蓮宗を母体にしているということで、愛国主義が日蓮の立正安国論《りっしょうあんこくろん》に出てきますから。それから神国思想がそこから出てきますから、その宗教的な魅力があるのと、あとは悲劇の将軍みたいなイメージでしょう。

佐高　石原は終戦工作をしたとかいわれるけれど、火をつけた人間が消火作業を手伝ったからといって責任を免れるのかと書いたから、私は郷里では評判が悪いですよ。

佐藤　いやいや、庄内では地元の三人の英雄として、石原莞爾・大川周明・佐高信というコーナーが「光丘文庫」にあります。

佐藤　私はこの目で見ました。三人とも同じぐらい尊敬されていますよ。

佐高　私はそんなに悪いことはしていないので……。

外交官の役割

佐高　広田弘毅《こうき》はどうでしょう。

佐藤　とんでもないですね。

佐高　城山三郎の『落日燃ゆ』は、広田の生涯を描いてテレビドラマ化もされましたが、ちょっと甘い感じがある。

佐藤　見当違いだと思いますね。広田弘毅は、あの戦争を拡大していく中における鍵を握る一人だったと思います。だから、ああいうことで美化するのはよくないです。

南京《ナンキン》事件の責任もあります。あの構造の中にいて、直接に手を染めていないというのは距離があっただけの話です。当時、日本の帝国主義的な侵略の中で司令塔の一人であったのは間違いない。それを、奥さんが自殺するとか、情緒で訴えるかたちで美化するのはよくない。

外交官というのは、これは今でもそうですが、ある意味で無思想なんです。それで基本的には、全員帝国主義者です。それは、国益ということを中心に物事を組み立てるという訓練をされているから。だから、大日本帝国という帝国の権益をどう理解するかということになります。

帝国主義のゲームのルールというのは簡単なんですよね。まず自国の権益を相手のことを考えないで最大限に主張する。それで相手が黙って怯《ひる》んでいると、国際社会が黙っている間はそれで権益を拡大するわけですよ。相手が必死になって抵抗して国際社会がいかがなものかということになったときには、適宜妥協して国際協調に転じる。これが帝国主義のゲームのルールなんです。外交官というのは、それをやる人たちなんですよ。

それに対して旧大日本帝国軍人というのは、念力主義ですね。相手が必死になって抵抗しているんだけれどもそれは無視するとか、国際社会から顰蹙《ひんしゅく》をかっているから精神力で乗り切るような、そういうことをやっちゃうんです。その違いですよね。

軍人と官僚の違い

佐高　しかし、軍人も官僚ですよね。軍人という官僚と外務官僚は、満州の問題では衝突したり手を結んだりしますが、軍人というのは官僚以上の官僚？

佐藤　そのような要素もありますが、むき出しの暴力装置を持っている官僚ですからね。

佐高　そうすると、官僚といえない部分がある？

佐藤　飛び道具を持っているかいないかで大分違いますからね。それから、官僚的な緻密さというものの訓練をあまり受けていないですね。だから、張作霖爆殺事件をやった河本大作とか、やっていることが非常に荒っぽいですよね、石原莞爾にしても。

佐高　「問答無用」という話ね。

佐藤　「多少露見しても落ち着け」とか。

佐高　まだ残念ながら読んでいないんですが、大尉で二・二六事件に連座して禁錮刑《きんこけい》になった末松太平の『私の昭和史』という本がありますね。最近、文庫に入りましたが、あれはやっぱり、『戦争と人間』の柘植進太郎みたいな真正直な、というか猪突《ちよとつ》猛進型だったんですね。

佐藤　猪突猛進で、教養の幅の狭い人ですね。これはやっぱり、陸軍幼年学校型の教育の問題が、そのまま現れていると思います。

佐高　『戦争と人間』では、映画のほうで石原裕次郎が演じる奉天総領事館員が出てくるでしょう、篠崎淳児という。これは、外務省で日中戦争の拡大に反対していた石射猪太郎《いしいいたろう》あたりの話でしょうかね。

佐藤　奉天総領事代理の森島守人《もりひと》ではないでしょうか。

佐高　あそこのシーンでは、軍に抵抗しますよね。それは佐藤さんにいわせると、念力でやるか全身的にやるかの違い？

佐藤　それだけの違いです。念力でやると逆に力でねじ伏せられる確率が高いから、別のいい方では帝国主義者としては稚拙であると、そこの違いだけですよ。森島も典型的な帝国主義者です。

佐高　しかし、映画の裕次郎のように外交交渉でやる場合だと、相討ちも外交官にはあり得る？

佐藤　交渉というのはどんな状況でも可能です。どんな状況でも、交渉が妥結するということは、こちらの立場が少しは反映されますから。

佐高　では、ああいう官僚はいたんですか？

佐藤　ああいう官僚はいた。「もっと上手に侵略しろ」ということですね。

佐高　そうすると、官僚の論理で戦争を止めることはできない？

佐藤　完全な負け戦になって自分たちの役所がつぶされるということだったら、組織をあげて止めるかもしれない。

外務省は戦時下で一度、闘ったことがあるんですよ。東郷茂徳外務大臣が辞表を叩きつけて。

それは、大東亜省ができるときです。このときは本気で抵抗した、外務省最大の闘いでした。だって、戦争していてほとんどの国と外交関係がないときですから、大東亜省を作られたら、重要なところは軍の息のかかった大東亜省に全部握られて、外務省はその残りの部分ということになってしまう。だから、あのときはやっぱり本気で、命がけで外務官僚たちは闘いましたね。あとはあんまり闘わなかったと思いますよ。それは、外務省としては死活的利益に関わる闘いだったわけですよ。

佐高　そのへんを一般の人は誤るんですよね。『戦争と人間』の映画でいえば、裕次郎みたいなのが出て、それを見て「戦争を少し防ぐためにやった」とかって思うわけでしょ？

佐藤　下田武三とか、吉田茂とか、実際はみんながんがん帝国主義的拡張政策を煽《あお》ったわけですからね。

海軍の良識

佐藤　海軍の良識、というのもインチキですよね。

佐高　そうそう。

佐藤　海軍の良識について語るので、すごくいいものを最近読みました。『日本陸軍の航空母艦』という本なんですよ。

佐高　陸軍の……？

佐藤　そう。わが陸軍は何と航空母艦を持っていたんですよ。世界の陸軍で唯一です。「あきつ丸」というのが代表で、全部で五隻造るんです。

ひどい話なんですよ。要するに海軍は艦隊決戦とか飛行機でドンパチやるのが好きで、ロジスティクス、輸送みたいに下品なことはやりたくないと。

佐高　兵站《へいたん》ですね。

佐藤　はい。兵站も全部、陸軍の船舶司令部というところでやっていたんです。それで、海軍は船舶司令部でやっているものを守ってくれるはずだったんだけれども、「ミッドウェー海戦以降、忙しい」といって守ってくれないんですよ。そうしたら、丸裸で輸送船が出てくるので、全部敵の餌食《えじき》になるわけですね。それで、自分の身は自分で守らなければいけないと考えて、陸軍は航空母艦を造り始めるんですよ。

ところが、海軍が飛行機の仕様とかを教えてくれないわけです。だから、飛行機も自分で造らないといけない。結局、自主開発するんですよ。それで海軍がやったことは何かというとね、極秘で回覧を流すわけです。「これは味方の陸軍が最近造った航空母艦で、敵艦じゃないから沈めないように」って。

佐高　ははは。

佐藤　それで、アメリカ軍の記録も残っているんですが、上から写真を撮っていて、今までと全然違うかたちの、一万トン級の護衛空母ができたと。それを海軍の新しいカテゴリーに入れてみても、「明らかに違う。かたちから見ても乗ってるものからしても、まったく別の設計思想でできている。一体、これは何なんだ?」ということなのでしょう。結局、一度も海戦をしないで全部沈められましたけどね。

だから、海軍の良識というのがどの程度のものだったのか、これでよくわかります。陸軍もたいしたもんですよね。昭和一七年にあきつ丸を護衛空母に改造するんですから。あれだけのエネルギーを航空母艦を造ることにかけて。この国はやっぱりイカレてました。

佐高　すごい縄張り意識ですね。

突出した個人の役割

佐高　ナチスドイツから逃れるユダヤ人を助けたのでは杉原千畝《ちうね》が有名ですが、軍にも樋口季一郎という人がいますよね。陸軍の軍人で、亡命ユダヤ人の満州通過を許可した人です。あまり話題にならないですが。

佐藤　芙蓉《ふよう》書房出版から彼の自伝が出ていますね。『陸軍中将樋口季一郎回想録』という。

樋口季一郎に関しては、キスカ作戦が秀逸です。日本軍の歴史に残る作戦です。突っ込め突っ込めの日本が、全員撤退するという作戦を組むのは、このキスカだけなんです。

キスカ島は、アリューシャン列島のアッツ島より東側にありますが、アッツ島を完全に取られて、キスカ島に関してはもうまったく戦略、防衛上の意味がなくなってしまう。それで、この島には霧がしょっちゅう出るので、その霧に紛れて、包囲していた米軍に気づかれずに全員撤退に成功したんです。

樋口は、この奇跡のキスカ作戦を指導したんですね。東宝で「太平洋奇跡の作戦　キスカ」という映画になっていました。すごくいい映画でしたよ。

突っ込め死ねというのと違う哲学を持って、実際にそれを指導することができたという、珍しい指導者です。

佐高　陸軍には、樋口のような人が生きられる場所もあったわけですね。

佐藤　あったのと同時に、やっぱり本人の能力が卓越していたのでしょうね。だから裏返すと、ダイヤモンド社から出てその後中公文庫になっている名著中の名著『失敗の本質』に出てくる、旧軍の伝統である突出した個人を抑えることができないというのが、いい方向に作用した場合ですよね。

佐高　でも、何か別の方向で突出すると、石原莞爾とかね。

佐藤　そう。だから樋口季一郎と石原莞爾というのは、突出した個人を抑えることができなかったということでは一緒なんです。辻政信もそうです。そういう突出した個人を抑えられないというのは、旧軍の伝統なんですよ。これは現在の日本の中央官庁にも引き継がれていると思います。

戦争・組織を読む、必読ブックリスト

『戦争と人間』	五味川純平	光文社文庫
『人間の條件』	五味川純平	岩波現代文庫
『虚構の大義――関東軍私記』	五味川純平	文藝春秋
『孤独の賭け』	五味川純平	幻冬舎文庫
『ガダルカナル』	五味川純平	文春文庫
『ノモンハン』	五味川純平	文春文庫
『御前会議』	五味川純平	文春文庫
『功利主義者の読書術』	佐藤優	新潮文庫
『世代を超えて語り継ぎたい戦争文学』	澤地久枝／佐高信	岩波書店
『城山三郎と久野収の「平和論」』	城山三郎著／久野収著／佐高信編	七つ森書館
『レイテ戦記』	大岡昇平	中公文庫
『大義の末』	城山三郎	角川文庫
『炎熱商人』	深田祐介	文春文庫
『革命商人』	深田祐介	文春文庫
『スチュワーデス物語』	深田祐介	新潮文庫
『真空地帯』	野間宏	新潮文庫
『青年の環』	野間宏	岩波文庫
『迷路』	野上弥生子	岩波文庫
『二十四の瞳』	壺井栄	角川文庫
『母のない子と子のない母と。』	壺井栄	光文社
『外務省ハレンチ物語』	佐藤優	徳間文庫
『教会教義学』	カール・バルト	日本基督教団出版部
『ローマ書講解』	カール・バルト	平凡社ライブラリー
『才女の運命――有名な男たちの陰で』	インゲ・シュテファン	あむすく
『カラマーゾフの兄弟』	ドストエフスキー	光文社古典新訳文庫
『罪と罰』	ドストエフスキー	光文社古典新訳文庫
『冷えた鋼塊』	佐木隆三	集英社文庫
『日本の悪霊』	高橋和巳	河出文庫
『堕落』	高橋和巳	新潮文庫
『散華』	高橋和巳	新潮文庫

※本文中には紹介されていませんがお薦めです

（濃い網）…佐高信セレクト　（薄い網）…佐藤優セレクト

『わが解体』	高橋和巳	河出文庫
『人間にとって』	高橋和巳	新潮文庫
『黄昏の橋』	高橋和巳	新潮文庫
『帝国主義』	レーニン	岩波文庫
『帝国主義論』	ホブスン	岩波文庫
『経済政策論』	宇野弘蔵	弘文堂
『日本帝国主義の現段階』	鎌倉孝夫	現代評論社
『日本帝国主義と資本輸出』	鎌倉孝夫	現代評論社
『「スタグフレーション」―日本資本主義体制の終末』	鎌倉孝夫	河出書房新社
『帝国主義と革命』	エンベル・ホッジャ	人民の星社
『極限状況における人間』	五味川純平	三一書房
『大菩薩峠』	中里介山	ちくま文庫
『ソビエト帝国の崩壊―瀕死のクマが世界であがく』	小室直樹	光文社文庫
『統帥綱領』	大橋武夫解説	建帛社
『作戦要務令』	大橋武夫解説	建帛社

『謀略―現代に生きる明石工作とゾルゲ事件』	大橋武夫	時事通信社
『統帥綱領・統帥参考』	参謀本部／陸軍大学校	偕行社
『落日燃ゆ』	城山三郎	新潮文庫
『小説日本銀行』	城山三郎	角川文庫
『広田弘毅―「悲劇の宰相」の実像』	服部龍二	中公新書
『私の昭和史―二・二六事件異聞』	末松太平	中公文庫
『陰謀・暗殺・軍刀―一外交官の回想』	森島守人	岩波新書
『真珠湾・リスボン・東京―続一外交官の回想』	森島守人	岩波新書
『日本陸軍の航空母艦―舟艇母船から護衛空母まで』	奥本剛	大日本絵画
『陸軍中将樋口季一郎回想録』	樋口季一郎	芙蓉書房出版
『失敗の本質―日本軍の組織論的研究』	戸部良一他	中公文庫
『大本営参謀の情報戦記―情報なき国家の悲劇』	堀栄三	文春文庫
『組織の不条理―なぜ企業は日本陸軍の轍を踏みつづけるのか』	菊澤研宗	ダイヤモンド社
『ジョーカー・ゲーム』	柳広司	角川書店
『ダブル・ジョーカー』	柳広司	角川書店

第四章　日本とアメリカ

大正末期の日米決戦思想

佐藤　戦前の日米の関係を考えるときに、面白い本があるんです。樋口麗陽という、大正末期のベストセラー作家が書いた『小説日米戦争未来記』です。一九二〇（大正九）年に発行されています。私が最近、これをわかりやすく書き直して、『超訳小説日米戦争』という題で出版しました。

これはどういう本かというと、七十数年後の未来記なんですが、相当程度、歴史を的確に予言している。アメリカが国際連盟を無視して横暴をはたらいたり、ロシアが共和制の帝国主義国になっていたり、日本艦隊がハワイに攻めていったり。

佐高　面白いですね。この本はどうやって見つけたんですか？

佐藤　最近、久しぶりに廣松渉《ひろまつわたる》の『〈近代の超克〉論』を読み直したら、実際に日米決戦思想というのは昭和初期に結構話題になったと書いてある。それで樋口麗陽という名前があったので、調べて古本屋で探して読んでみたら、これは面白いと。

小説の刷り込みが歴史を変えた？

佐藤　これは私の勝手な仮説ですが、社長あるいは専務や常務、部長など要職にある人に『巨人の星』のファンが多い企業はちょっと要注意なんですよ。

佐高　人知を超えたところに何かあると思いたがるという。

佐藤　ええ。特に会社が危機になったとき、思い込みと試練で物事を解決しようという人たちがいますよね。

佐高　大リーグボール養成ギプス？　とか？

佐藤　そういう感覚です。この『小説日米戦争未来記』や、そのほかにもたくさん出版されたこの頃の日米戦争物は結果的に、読者にそんな気分を刷り込んだんじゃないかと思うんです。

私が持っているのは、一九二四（大正一三）年の発行で二七版です。当時の超ベストセラーです。ということは、のちに戦争を始めることになるときの日本の指導者は、子どもの頃、この小説を読んで育っている連中なんですよ。ストーリーが頭に刷り込まれていたんじゃないかと思うんですね。

つまり、事後成就する予言になった小説だと思います。だから、日米戦争と日米関係について考えるときに、起きたことをたどるよりも、未来記というかたちで一九二〇年に将来起きる日米戦争について書いたこの本のことを考えてみるというのは、面白いんじゃないかなと思うんですよね。

佐高　戦時の指導者たちの頭のどこかに、この話があったと？

佐藤　そうじゃなければ、こんなに当たるはずがないですよね。アメリカで日系人は危険だということで砂漠の収容所に強制収容されたのも、アメリカ大使館がこの小説を訳して本国に報告していたから、「日本人はこんなことやりかねない」と思ったんですよ、きっと。それから鬼畜米英だとか、実際起こったことはだいたい樋口麗陽の想像力の中に収まっています。

佐高　日本がメキシコと結ぶという展開は史実と違うけれど、オーストラリアは小説通り、実際にアメリカと結びました。

佐藤　オーストラリアというのは、アメリカ、イギリスの出先筋ということで非常に重要だったんですね。このあたりも、実際の太平洋戦争とそんなに変わらないところです。

こういう事後成就する予言物ってあるんですよね。未来記という題も、『太平記』に天狗《てんぐ》が未来を予言する「雲景未来記事」という話があるんですが、その雰囲気でつけたものだと思います。

佐高　すごくうまいなと思うのは、しょせん日本は負けるわけでしょ？　それでショックを受ける。絶対に勝つと思っていたら負けたと。

佐藤　しかもそこで面白いところは、第一艦隊が全滅させられたときに、政府内で議論をするわけですね。この真実を公表するべきか、それとも隠すべきかと。それで、「やはりもう一回勝ってから公表しないと、国民の戦意は落ちる」という意見と、「正直なほうがいいんだ」という意見が出る。

佐高　でも、小説では結局、隠さなかった。

佐藤　隠さなかった。そうすると、国民は戦意を失って、国内でスパイ狩りが起きたりする。このあたり、日本人の体質をよく読んでいると思うんです。だから、のちに現実でやっぱり隠すほうが正しいというふうになるのも、この小説の刷り込みがあると思います。

佐高　しかし隠さなかったというのは、今の日本よりいいよね。安倍首相なんかは、絶対に隠す方向に来ているわけだから。

日本の敗戦を予言

佐藤　「石仏博士の大獅子吼《だいしく》」というのも、よく未来を予言していますよね。日本は何でこういうことになったのか。みんな軟弱になった。国際連盟とか平和主義とか国際法とか、そんなものを信頼して平和の中でぼけてしまった。大正時代に、そんな議論を書いているわけです。しかも、この頃のものは水準が高いんですよ。しかし、一九三一（昭和六）年の中山忠直の『日本人の偉さの研究』とかになると本当にひどくなる。反知性主義そのものです。

佐高 それで、けっこう読まれていますよね。

佐藤 でも、恥ずかしいから、戦後は誰も読んでいたことをいわないし、「この本によると」なんていう話も出てこない。そうすると、忘れ去られてしまうんですよ。

忘れられた大ベストセラーというのはよくありますよね。佐藤紅緑《こうろく》なんかもそんな感じで、『あゝ玉杯に花うけて』とか、今は完全に忘れ去られていますね。

佐高 佐藤愛子のお父さんですね。

佐藤 そうです。戦前に映画化されています。さて、『小説日米戦争未来記』のほうは、戦後GHQがとんでもない本だといって抹殺してしまったんです。だから、よけいに残っていない。

それから、この手の予言もので面白いのは、情勢を予測できていても、その過ちは避けられないということなんです。

『小説日米戦争未来記』の巻頭序言に、「こういうことにならないように」という警告小説だと書いてあります。日米戦なんかやったらとんでもないことになると。それからこの小説、最後で日本は勝っていないんですね。新兵器を作って、国際社会に日本の味方を作ってようやく引き分けになるところで終わりなんです。

一九二〇年の段階では、この程度の冷静さは持っていたわけですよ。ところが四一年の段階では、日本人は完全に常軌を逸しているわけですね。わずか二一年の間で、日本人は冷静さを失っているんです。そうすると、時代が経てば経つほど人間は進歩するというのはうそだということは、これだけでもわかります。

佐高　それにしても、もう少しあとにこれを書いていたら、絶対批判されますよね。「絶対負ける」っていうわけだから。出せなかったでしょう。

この本の中ではメキシコが日本に好意的ですが、どうしてメキシコなんですか。何か特別な関係があったんですか？

佐藤　メキシコというのは、反米国家なんですよ。今もその根っこは、残っています。また、戦前までは、社会主義に好意的でした。だから、トロツキーなんかも亡命できたわけです。メキシコは、反米というところでソ連にもシンパシーを持ってるんですよ。だから、反共冷戦体制下の中南米という感じじゃないんです。

もともとは、アメリカと五分ぐらいの国だったんですね。ところが、テキサスやカリフォルニアにしたって、どんどんアメリカに取られていくわけでしょう。だからメキシコは、ソ連にもナチスドイツにも中立的だったんですよ。「あいつらのけんかだ」という感じで。それが変わったのは、東西冷戦体制からです。

それから、メキシコで革命が起きる可能性もあった。だからエイゼンシュテインの有名な映画で「戦艦ポチョムキン」と並んで、「メキシコ万歳」というのがあります。

メキシコとかブラジルというのは、今とはだいぶ違うイメージで捉えられていた国なんです。

戦時、謀略放送の研究

佐藤　現実の歴史の話に戻りますが、日米開戦期にアメリカに対して日本陸軍参謀本部は謀略放送をやっていたという実録があります。中公新書の『日の丸アワー』です。

佐高　著者の池田徳眞《のりざね》は外務省の人？

佐藤　一時期、外務省の嘱託をしていましたが、民間人です。徳川慶喜《よしのぶ》の孫で、元鳥取藩主の池田家の当主でした。戦時中に、日の丸アワーという対米プロパガンダ放送をやっていたんです。

佐高　佐藤さんはこの人のことをもともと知ってたの？

佐藤　いや、知りません。私が外務省で情報の仕事をすることになったときに、外務省図書館で、情報関連の本がかたまっている棚に、同じ著者の『プロパガンダ戦史』があって引っ掛かったんです。この本の実際の現場感覚は今でも使えると。巻末には、自分たちが戦時中に作って、敗戦のときに持ち出した冊子が再録されています。

佐高　「対敵宣伝放送の原理」という。

佐藤　はい。これが非常に役に立ったんですね。今、広告代理店の電通や博報堂のやっていることの原型です。いかに戦争を自国に有利なように宣伝するかということなので、いかにうちの商品に関心を向けて商品を買わせるかということとつながります。

佐高　最後のところで、「プロパガンダのほうが武力戦よりもずっと安上りだから」というのは面白いですね。今の安倍チルドレンなどとは、全然方向性が違います。

佐藤　そう思います。ここで池田が主張しているのは、「反復法」つまり同じことを何度も繰り返すということと、暗示する「暗示法」。また、適宜音楽を絡めるといいとか。宣伝ということを非常によくわかっていますね。

それから、アメリカ人はニュースがないと宣伝ができないと分析しています。だから、人に影響を与えるように物事を記述するイギリス人の発想を全然わかっていないと。ドイツ人については、理屈でがんじがらめに攻めてくるので、説得力はあまりないと。

佐高　日本はやっぱりドイツ的なのかと思ったんですが、どうなんでしょうか。

佐藤　日本のエリートは、ドイツ的なところがありますよね。

『プロパガンダ戦史』でもう一つ重要なのは、エリートと大衆を完全に分けていることです。そして、エリートに対しては論理的に、大衆に対しては感情的に、これがイギリス方式の要諦《ようてい》だといっています。これはすべての世界に通用するんですよ。論理連関と感情を動かすことの間には関係がない。それを見ながら、巧みなプロパガンダを展開している。これはイギリスのやり方です。

この著者がものすごくイギリスをひいきにするのは、近代になってからイギリスは一度も戦争に負けたことがないからです。イギリスは、負ける前に常に名誉ある撤退をしてしまう。それに対して、アメリカはやっぱりベトナムで負けていますからね。アフガニスタンやイラクでも負けているようなものです。イギリスは負けないんです。

イギリスは、最初から勝つことに目標を置いていないんですよ。負けないことに目標を置いている。これは微妙に違うんですね。

佐高　筑紫《ちくし》哲也はキャスター時代、生存視聴率ということをよくいっていました。番組が打ち切られないだけの視聴率が取れればいいと。引き分けでもいいということです。引き分けも負けにはならないみたいな。

宣伝戦に見る国民性

佐高　この『プロパガンダ戦史』を読むと、やっぱり国民性というのはあるんだなと思いますね。

佐藤　だからある意味では、国民性を徹底的に類型化して、徹底的にそこに付け込んでいくという発想ですよね。

佐高　エンツェンスベルガーというドイツの詩人がいますね。『意識産業』を書いた。ドイツというのはやっぱりキチキチしていて、彼の編集した解放運動の機関誌までが「時刻表」だと皮肉る人もいますが、それもまた面白いですよね。

佐藤　あるいは、ベルギーで戦傷者の救護をしていたイギリス人看護師のエディス・キャヴェルが、ドイツ軍によって惨殺された事件。これを非難するのに、イギリスのほうはキャヴェルが犬の頭をなでている写真を宣伝で出して、心優しい婦人というイメージを作るわけです。

しかし、実際は彼女は中立的な人じゃなかったわけですね。完全にイギリスのエージェントです。国際法のルールからいえば、裁判にかけて銃殺されても仕方がないような活動をしていた。これは、最近出た『MI6秘録』という本を見るとよくわかります。だから、そこでうまく宣伝しているんですよね。

そして、ドイツ人は死体からせっけんを作っているという話。すべてのせっけん工場を見せるわけにはいかないですから……。

佐高　「そんなことはない」というのを証明できない。

佐藤　しかも、せっけんだから、毎回使うときにみんな思い出す。みんなも、ドイツの技術力と冷酷さがあったらやりかねないというイメージを持つ。だから上手なプロパガンダ戦だと。

それから、イギリスが日本向けに作ってビルマでまいていた「軍陣新聞」の話が出てきます。「日本はとんでもない」「負けている」というふうに書くんじゃなくて、日本軍の将兵はまことに勇敢で、世界の人はその勇気を賞賛している。しかし、この頃のように日本側の戦況が不利になってくると、日本軍の将校がその兵士たちに対して、無理な攻撃を強いることはないのだろうかというように書く。また、「勇敢に戦って戦死した日本の兵士」という粗末な棺の写真と、その真裏に、「楽しく暮らしている日本人の俘虜たち」という写真を載せて、現実に捕虜になっている兵士がいて、楽しく畑を耕しているところを見せる。「さて、死ぬんですか、どうですか?」ということを、無言のうちに問いかけている。

これを見たときに、情報将校たちは、これが敵の勢力の弱いところでまかれているからまだいいけれども、太平洋戦線だったら相当ダメージを与えかねないと冷静に見ているわけでしょう。ところが、アメリカのほうがやる宣伝は全然ダメで。

佐高　「運賀無蔵《うんがないぞう》」ね。

佐藤　あまりにもストレートなわけです。それで、いくら何でも、当時の日本人の感覚ですら、毛筆で描いた漫画は古すぎる。名前からしても、これじゃあ影響を与えられないぞと。イギリスとアメリカで、同じ英語を使う人たちなのに、どうしてこうも宣伝が違うのかという、あのへんが面白いと思うんですよ。

日本の政府の広報政策は、今でも大体運賀無蔵方式ですよね。そうじゃなければドイツ方式で、自分たちの内部を説得するためのものです。

究極の官僚的知性

佐高　フランスのヨアヒム・フェルナウが『いざ、デモクラシーへ』の中で、「文明国民は、本来、例外なく平和を愛するものであり、ただ君主だけが生れながらの平和の攪乱者である」と書いているという話が出てきます。王家の関係しない戦争というものはあり得ないと。これと『西部戦線異状なし』がダブって書いてあるのね。あれは見事な小説です。
佐藤　映画もいいですよね。
佐高　一人の青年が死んでも、西部戦線異状なしだったという報告がね。それと、フランスの錠前師が、「おれとけんかしようと思うか」とかって。戦争というのは、大体得するやつがいるに違いないと。
佐藤　さらに面白いのは、池田が捕虜を使って「日の丸アワー」で『西部戦線異状なし』を放送予定に組み入れていた。反戦小説を日本の陸軍が対米宣伝に使おうとしていたということですよね。
佐高　あれを訳したのが、秦豊吉《はたとよきち》って、のちに東宝の重役になる人ですね。
佐藤　映画は、戦前に日本でも上映されていますが、戦争批判の部分は、相当音声が切られていたんです。
君主や官僚層、軍産複合体は、自分たちの利益のために戦争をやっている。しかし、そのゲームの中で、あくまで自国のためだからというかたちにして、民衆の中には全体像はよく見えている人もいるんだけれども、それを止める方向には絶対に動かないわけでしょう。
私は現役のとき、この技法を最大限に使って、自分の国を勝たせる感覚をどうやってつけるかということが、すごく重要だったんです。

『巨人の星』が好きなやつは、絶対にインテリジェンスの世界に来てもらっては困るんです。つまり、揺るぎない、絶対的な正義の基準を持っている人。そうではなくて、そこそこの正義で、こっちが間違えているんだけれども、「まあ、でも、これも仕事だからな」というぐらいの感覚が、この『プロパガンダ戦史』から伝わってくる人間のあり方で、これは、あとで話す久野収先生とか和田洋一先生とは全然違うかたちの知性のあり方なんですよ。

実は、ここのところに煮詰まった官僚的知性が表れていると思うんです。

『菊と刀』が日本人に与えた影響

佐高　アメリカから見た日本ということでは、ベネディクトの『菊と刀』は面白いですね。

佐藤　『菊と刀』は素晴らしいです。もちろん皮肉を込めていっているのですが。日本に一度も来たことがなくて、いい加減な話だけを聞き集めて作ったものですからね。

佐高　よく、当たらずといえども遠からずという言葉があるけれど、逆に、遠からずといえども当たらず、ということもありますね。

佐藤　それはおそらく、最初に話した樋口麗陽と一緒で、『菊と刀』が先に出たので、これに合わせて、日本人が自分たちのことを理解するようになっちゃったからなんでしょうね。

たとえば『菊と刀』では、欧米の罪の文化に対して日本は恥の文化だと書いているわけです。ところが、私の尊敬するチェコの神学者でヨゼフ・ルクル・フロマートカが日本に来たときの訪日記、これは翻訳されていないんですが、その中で、日本人は、自分たちが罪の意識がない、恥の文化だといっているが、まったくわからなかった。ヨーロッパでも罪の意識を持つ者もいれば、恥だけを基準に動く者もいる。そんなものが、特定の民族の文化類型になどなるわけがないじゃないかといっています。

少し考えてみればわかることです。『菊と刀』では、日本人には罪の感覚はない、誰かが見ているという相対的な感覚だけが恥だといっていますが、それなら、お天道様が見てますよというのは罪なのか恥なのか。誰も見ていなくてもお天道様が見ているというのは、明らかにこのカテゴリーからしたら罪になるはずです。お天道様という感覚は日本では非常に強いはずなんですね。だから、その一点からしても、一番根本の罪と恥の二分法のところがもう壊れていると思うんです。

では、そんな壊れた話がどうして市民権を得たのかというと、簡単な話で、アメリカが占領政策の中で使って、日本人はこういうものだと思ってその政策をやったからです。

熱狂する狂信者

佐高　私は『菊と刀』よりも、ちょうど学生の頃かその少しあとくらいに出た作田《さくだ》啓一の『恥の文化再考』のほうを一生懸命読んだ覚えがあるんですね。

そこには、公恥＝パブリックシェイムだけで動くんじゃなく、公恥以外にさまざまな種類の恥があるというふうにいって、ある程度『菊と刀』を批判的に書いている。そっちのほうが正解じゃないかと私は思いました。

佐藤　佐高さんのおっしゃる通りです。ところで『菊と刀』で罪と恥ということを書いている有名な部分は、ちょっと長くなりますが、以下のようになっています。

「日本人は罪の重大さよりも恥の重大さに重きを置いているのである。さまざまな文化の人類学的研究において重要なことは、恥を基調とする文化と、罪を基調とする文化とを区別することである。道徳の絶対的標準を説き、良心の啓発を頼みにする社会は、罪の文化（guilt culture）と定義することができる」

それでそのあとで、日本人の特徴はどういうことかというと、

「恥が主要な強制力となっているところにおいては、たとえ相手が懺悔聴聞僧であっても、あ

やまちを告白してもいっこうに気が楽にはならない。それどころか逆に、悪い行ないが『世人の前に露顕』しない限り、思いわずらう必要はないのであって、告白はかえって自ら苦労を求めることになると考えられている。したがって、恥の文化（shame culture）には、人間に対してはもとより、神に対してさえも告白するという習慣はない。幸運を祈願する儀式はあるが、贖罪の儀式はない」

そこのところから結びつけるので、日本人の一番異常な発想というのが、誠心（まことごころ）だと。

「『まこと』は私利を追求しない人間を賞める言葉としてたえず用いられる。このことは、日本人の倫理が、利潤を得ることを非常に悪いことと考えていることの反映である。利潤は――それが階層制度の当然の結果でない場合には――不当な搾取の結果であると判断される。そして、その仕事から利潤を得るために脇道にそれた仲介人は、人の忌みきらう金貸しとなる。そのような人間は常に、『まことのない人間』と言われる。『まこと』はまたたえず、感情に走らない人間に対するほめ言葉として用いられる。このことは、日本人の自己修養の観念を反映するものである。誠実と呼ぶに値する日本人はまた、けんかを売るつもりのない人間を辱めることになるような危険にはけっして近づかない。このことは日本人の、人は行為そのものに対してはもちろんのこと、行為の派生的な結果に対しても責任を負わねばならないとする信条を反映するものである。最後に、『まこと』のある人のみが、『人の頭に立ち』、その手腕を有効に活用し、また心理的葛藤をまぬがれることができる。これら三つの意味、なおそのほか多数の意味は、日本人の倫理の等質性を端的に表明している。これらの意味は、日本では人は、ただ定められた掟を遂行する時にのみ、実行を収めることができ、かつ矛盾葛藤を感じなくともすむという事実を反映するものである」

そのあとの、ここのところだと思うんですよね。

「このように日本人の『誠実』には種々さまざまの意味がある。したがってこの徳は、勅諭や大隈伯の言うように、日本人の倫理を単純化するものではない。それは彼らの道徳の『基礎』をなすものでなければ、それに『魂』を与えるものでもない。それはいかなる数でも、適当にその後に書き添えれば、その数を高次の冪《べき》数にする指数である。小さな2という数字を右肩につければ、9であろうと、159であろうと、bであろうと、xであろうと、全く無差別に自乗数になる。それと同じように『まこと』は、日本人の道徳法典のいかなる条項をも高次の冪数に高める。それはいってみれば、独立した徳ではなくて、狂信者の自らの教義に対する熱狂である」

でもこんなの、デリバティブでやっているアメリカ資本主義そのものじゃないですか。だから、そこにはある種の人間の行動様式を分析するものとしては正しい洞察があると思いますが、それを日本の文化と結びつけるのはそもそも完全に飛躍がありますよね。

佐高 いろんな種類の人たちがいるわけだから、あまりに大雑把な括り方ですね。

佐藤 そうです。アメリカ人学者というのは徹底した調査をしています。ただし、業界用語でOSINT《オシント》（オープンソースインテリジェンス）という公開情報が中心で、それに捕虜たちからの聞き取りを加えて作っているんです。

佐高 そのへんのところは、作田啓一とか、安丸良夫の通俗道徳といったもののほうが面白くて、安丸の『日本の近代化と民衆思想』などを読むほうがやっぱり納得できますよね。もちろん『菊と刀』に、ある種の「ああ、こういう見方をするのか」という面白さはありますが。

佐藤 文化の類型化の中で、『菊と刀』における、冪数《べきすう》のたとえとか恥と罪の二分法というのは、確かにある説得力があるようには見える。ある状況において、日本人がそういう行動をする、あるいはそれは日本人だけかどうかはわからないですが、異常行動をする集団の一つの特徴であるということは間違いないですね。

佐高 異常行動といえば、陸軍軍人で戦後は伊藤忠商事の会長をやった瀬島龍三を描いた共同通信社社会部編の『沈黙のファイル』に、板垣正が出てきます。板垣征四郎の息子で、敗戦のときには士官学校を出たばかりでしたが、シベリアに抑留され、そこで強烈に洗脳されて、共産党のアクティブになって帰ってきた。

佐藤　でもその後は、自民党の……。

佐高　そう。ひっくり返って、参議院で当選して自民党のタカ派になるわけですね。

佐藤　彼はまさに冪数ということですよね。xでもaでもbでも159でも、何でもいいから一生懸命やると。振れ幅が大きすぎるように見えるのですが、それは冪数だけで見ると、つまりxの二乗、yの二乗で、二乗という小さい数のところだけ見るのだったら振れていない。人の倍一生懸命やるという、そこのところは変わっていないのです。何のために一生懸命やるかということは別ですが。

『戦後史の正体』の問題点

佐高　今、日米関係をテーマにした本では、孫崎享《まごさきうける》『戦後史の正体』が売れていますが、あそこに書いてあることは疑問が多いですよね。

佐藤　その通りです。しかも、元外交官であるにもかかわらず、日本の国益に反するような曲解をしているのは問題です。

北方領土に関しても、孫崎さんは、一九五六年の日ソ交渉で日本政府が択捉《えとろふ》と国後《くなしり》の放棄は止むを得ないと考えていたのに、米国務長官のダレスが「国後、択捉をソ連にわたしたら、沖縄をアメリカの領土とする」と脅したので方針を転換したと書いています。

しかし、このときの交渉に全権として関わった松本俊一の『日ソ国交回復秘録』をもとに事実を時系列的に整理すれば、当時の重光外相が政府の方針に反して択捉と国後の放棄をいい出したのが八月一二日、これに対して翌一三日に鳩山首相が内閣としてその意見には同意できないことを決定、ダレスが右の恫喝《どうかつ》をしたのは八月一九日のことです。事実の前後関係を完全に混同しているのです。

『日本の国境問題』では、二〇一〇年九月に尖閣諸島で起きた中国漁船衝突事件に関して日中漁業協定違反だと書いていますが、漁業協定や関連の文書をきちんと理解していればそんなことはいえるはずがないんです。

私がほかのところでもこういうことを書いているので、ネット上などで自分の記述のおかしいところは軌道修正しているようですが。

佐高　ボディブローは効いているわけね。

ところで『戦後史の正体』は、左翼的なスタンスの人に強烈に受け入れられたんですよね。

佐藤　それと同時に、私の付き合っている右翼の人たちの中で、「反米で実にいい」というかたちでも受け入れられていますね。

佐高　宇都宮健児も感心しているし、左右両方ですね。

佐藤　共産党中央委員会から出ている『日本共産党綱領問題文献集』を読んでいて気づいたのですが、孫崎さんの路線は、日本共産党の六一年綱領そのものなんですね。アメリカ帝国主義とそれに従属する日本の独占資本があって、主導的役割を果たしたのはアメリカ帝国主義だという。

佐高　それが右にも受けるというのは、どういうところなんでしょうね。反米？

佐藤　そうです。何となく反米というのは最近のトレンドですからね。あともう一つ、著者が元外交官だから。保守は権威が好きですからね。

佐高　一番おかしいのは、岸信介《のぶすけ》をなぜあんなに持ち上げるかということです。岸はアメリカから「希望の星」と目されていたくらいですが、孫崎は「アメリカからの自立派」と持ち上げています。

佐藤　それは、安倍政権の誕生を予期してすり寄っていたという話じゃないですか。

佐高　ははは。それはほめ殺しにならないでしょう。ところで、この前なるほどと思ったのは、孫崎がカレル・ヴァン・ウォルフレンをほめているんです。『人間を幸福にしない日本というシステム』という本が文庫本になって、その解説を孫崎が書いていて、非常に高い評価を与えています。ウォルフレンというのは、大江健三郎とか土井たか子は自虐史観でダメだということをいっている人ですよね。それに、小沢一郎をやたら持ち上げた人。

佐藤　おかしいですよね。ただ、孫崎さんが強いのは、あまりものごとの整合性を考えないことなんです。

佐高　それが受けている？

佐藤　それに端的な歴史修正主義でしょう。まさに安倍チルドレンと同じ。南京事件のことをどういうか、孫崎さんに聞いてみるといいと思います。孫崎さんの基本は自虐史観批判なんですよ。それをどうして左派の人たちが読み解けないのかということです。

日本とアメリカを読む、必読ブックリスト

『小説日米戦争未来記』	樋口麗陽	大明堂書店
『超訳小説日米戦争』	佐藤優	ケイアンドケイプレス
『〈近代の超克〉論―昭和思想史への一視角』	廣松渉	講談社学術文庫
『近代の超克』	河上徹太郎他	冨山房百科文庫
『巨人の星』	梶原一騎	講談社漫画文庫
『アタックNo.1』	浦野千賀子	マーガレットコミックス
『新編 日本古典文学全集 太平記』		小学館
『日本人の偉さの研究』（戦時体制版）	中山忠直	先進社
『日本人の偉さの研究』	中玉忠直	大空社
『あゝ玉杯に花うけて』	佐藤紅緑	大日本雄辯會講談社
『日の丸アワー―対米謀略放送物語』	池田徳眞	中公新書
『プロパガンダ戦史』	池田徳眞	中公新書
『イギリス人、フランス人、ドイツ人の性格』	池田徳眞	学生社
『恩寵と復活―徳川15代将軍の孫がつづる信仰の軌跡』	池田徳眞	キリスト新聞社
『意識産業』	エンツェンスベルガー	晶文社
『健康帝国ナチス』	ロバート・N・プロクター	草思社
『MI6秘録―イギリス秘密情報部1909-1949』	キース・ジェフリー	筑摩書房
『西部戦線異状なし』	レマルク	新潮文庫
『菊と刀―日本文化の型』	ルース・ベネディクト	講談社学術文庫
『破滅と再建』	ヨセフ・ロマデカ	創元社
『文明の死と復活』	ヨセフ・ロマデカ	日本基督教団出版部
『革命の時代の教会と神学』	ヨセフ・ロマデカ	新教出版社
『昨日と明日の間の神学』	ヨセフ・ロマデカ	新教新書
『無神論者のための福音』	ヨセフ・ロマデカ	新教新書
『J・L・フロマートカ自伝 なぜ私は生きているか』	ヨセフ・ルクル・フロマートカ	新教出版社
『神学入門―プロテスタント神学の転換点』	ヨセフ・ルクル・フロマートカ	新教出版社
『恥の文化再考』	作田啓一	筑摩書房
『桜の枝―ソ連の鏡に映った日本人』	フセヴォロド・オフチンニコフ	サイマル出版会
『竜安寺の15番目の石―ソ連が日本に学ぶもの』	ウラジミール・ツベートフ	サイマル出版会
『沈黙のファイル―「瀬島龍三」とは何だったのか』	共同通信社社会部編	新潮文庫

書名	著者	出版社
『不毛地帯』	山崎豊子	新潮文庫
『日本の近代化と民衆思想』	安丸良夫	平凡社ライブラリー
『ストロベリー・ロード』	石川好	七つ森書館
『戦後史の正体―1945-2012』	孫崎享	創元社
『日ソ国交回復秘録―北方領土交渉の真実』	松本俊一	朝日選書
『日本の国境問題―尖閣・竹島・北方領土』	孫崎享	ちくま新書
『日本共産党綱領問題文献集』		日本共産党中央委員会出版局
『日本社会党』	篠藤光行／福田豊	労働大学
『日本共産党論』	向坂逸郎編著	社会主義協会
『続日本共産党論』	向坂逸郎編著	社会主義協会

書名	著者	出版社
『日本革命と日本社会党』	向坂逸郎編著	社会主義協会出版局
『社会主義協会テーゼ』		社会主義協会
『社会主義協会の提言』		社会主義協会出版局
『日本社会党の三十年』	月刊社会党編集部	日本社会党中央本部機関紙局
『日本共産党のアメリカ帝国主義論』	日本共産党編	新日本出版社
『社会主義協会向坂派批判』	日本共産党中央委員会	日本共産党中央委員会出版局
『ブッシュ新帝国主義論』	上田耕一郎	新日本出版社
『人間を幸福にしない日本というシステム―新訳決定版』	カレル・ヴァン・ウォルフレン	新潮OH!文庫
『独立の思考』	孫崎享／カレル・ヴァン・ウォルフレン	角川学芸出版

※本文中には紹介されていませんがお薦めです

…佐高信セレクト

…佐藤優セレクト

第五章　沖縄・差別の構造

民族映画としての「沖縄やくざ戦争」

佐藤　沖縄といえば、まずはぜひ観てもらいたい映画があるんです。「沖縄やくざ戦争」（監督・中島貞夫）。復帰直前の沖縄を舞台にして、沖縄と本土系のやくざの血みどろの戦いが描かれています。いろいろ複雑な抗争になるのですが、最後は、本土系やくざとそれと提携した沖縄やくざが、沖縄の地元にこだわるやくざによって皆殺しにされます。

この映画、一九七六年に封切られましたが、沖縄では上映されていないんです。実録で、封切られたのがまだ本当の抗争が続いていたときですから。

佐高　私も観てみました。すごい映画ですね。

佐藤　沖縄の心を知るには一番でしょう。とにかくスタートがすごい。コザに開店した全国チェーンの居酒屋が呼び込みをやっています。「日本全国四五〇のチェーン店」「ご当地沖縄の皆さま方にもご満足していただけますよう」「どこよりも安くどこよりも旨く」と。そこに千葉真一が入ってくるわけです。軍用ランニングシャツでサングラスを掛けて。それで中に入るなり、いきなり客からビール瓶を奪ってラッパ飲みして、それをガッと割って、店をめちゃくちゃにするんですよね。支配人が一一〇番しようとすると、蹴りを入れてぶん殴る。頭を踏みつけられて血がダラダラ流れて、「助けてくれ」というシーンで始まる。

そこに松方弘樹が登場して、羽交い絞めにして組事務所に連れ戻すんですよ。それで、「今、この状況でトラブルを起こしたら、那覇《なは》派の連中に全部好きにされてしまう」と諭すわけです。でも「那覇なんてどうでもいい。おれはヤマトのやつらだけは我慢ならねえ」と。それで「しょうがないじゃねえか、本土に復帰したんだから」というと、「おれたちはハンコを押した覚えはねえ」と。沖縄ナショナリズムの感じがすごくよく出ている。

これはそういう意味で反日映画でもあるんですよ。これを観たら圧倒的多数の日本人は不快感を覚える。沖縄人たちは拍手喝采になると思う。

佐高　本はないんですか？

佐藤　ムックがありますね。『沖縄ヤクザ50年戦争』という。洋泉社から出ています。

今、この沖縄の問題で興味深いのは、一九七六年の時点では、ただのやくざ映画だと思ってみんな観ていたと思うんですね。ところが、二〇一三年の時点で観ると、それが民族映画に観えるんです。

佐高　脚本を書いた人は、今のこういう状況を見通していたんですかね。

佐藤　見通してはいないでしょう。時代状況が変わったことで、解釈の基準が変わってきたということです。ただ、やくざの世界ではあるけれども、当時から民族問題は内在していたわけです。それから、映画自体が芸術作品として優れているんですよ。時代を経ても、本質的なものは残っているんです。

この映画の脚本ではないのだけれども、脚本家の笠原和夫の『映画はやくざなり』という本がありますよね。それの一番最後に「沖縄進撃作戦」という映画化されていない脚本がついているんです。「沖縄やくざ戦争」は、そこから構成や台詞をだいぶ使っています。また映画の中でも、沖縄で取材したことが埋め込まれていますね。

佐高　笠原さんの『妖しの民」と生まれきて』に私は推薦文を頼まれて書いたんです。会ったことがなくて、ぜひ会いたいと思っているうちに亡くなったんですけどね。

脚本家・笠原和夫の魅力

佐高　さっき、沖縄で上映されていないといったでしょう。笠原和夫が脚本を書いたやくざ映画「仁義なき戦い」も、舞台になった呉《くれ》で上映されていないんですよね。

佐藤　リアルすぎるし、関係者がたくさんいるからですか。

佐高　そう。菅原文太が演じた美能《みのう》幸三が呉なんですよ。

佐藤　原作『仁義なき戦い』を書いた飯干晃一《いいぼしこういち》がモデルにした人ですね。

佐高　はい。獄中で手記を書いた。その美能が出獄後に堅気になって、ホテル経営かなんかやっているんですよ。それで彼のところに、脚本の笠原和夫が行くんですね。原作を映画化させてもらいたいと。

そのときに追い返されるわけですよ。「ばかなことをいうな。映画なんかにしたら、ただじゃおかねえからな。帰れ」といわれて。ただ、「せっかく東京から来たから、駅まで送ってやるよ」ということになって、その道すがら、「お前、何をやっていたんだ」という話になり、笠原は戦争中に海軍の大竹海兵団にいたんですが、美能はその二つ先輩だったんです。それで、「ああ、じゃあお前にもう全部任せる」ということになるんですね。

ちなみに、笠原の同期が城山三郎だったんですよ。第一班の班長が笠原、第二班の班長が杉浦英一すなわち城山三郎だったと。それで城山さんに、「その先輩に会いに行きましょう」といったんです。「うん、いいな」とかいっているうちに、城山さんが死んでしまったんですがね。

佐藤　笠原さんの映画にはなっていない作品で、「en-taxi」二〇〇五年一一号の付録に脚本がついていますね。

佐高　「実録日本共産党」ね。

佐藤　だから、今、読めるんです。これは編集をやった福田和也さんのおかげです。

佐高　「仁義なき戦い」も、監督の深作欣二《ふかさくきんじ》がよかったとかいわれるけれど、やっぱり脚本の笠原和夫の魅力ですよね。

主権回復の日がなぜ問題か

佐藤　日本には沖縄に対する根深い差別の問題がありますが、本土の人間の無意識に根づいた、沖縄への理解の浅さを一番よく表しているのが、二〇一三年四月二八日に日本政府が主催して行った「主権回復の日」の記念式典です。私だってこれまでサンフランシスコ講和条約が発効した四月二八日に開かれた民間主催の「主権回復の日」の会合に参加したことはありますよ。この日自体は重要です。日本の法的なかたちでの独立が回復した日で、それまでは日本全体が占領下だったんですから。ただ、それが沖縄にとって屈辱の日だというのが、裏表で理解できないといけないわけですよね。

一九五二年四月二七日までは、沖縄と本土は平等に占領下だったわけです。それが四月二八日以降、本土は主権を回復したんだけれども、沖縄・奄美・小笠原は「潜在主権」という偽りの「主権」の名の下に日本の施政から外されるわけです。ここで、同じ日本であるにもかかわらず、法的な差別が生じるわけですよ。

完全な主権を施政権と潜在主権に分離する。そして米ドルが使われ、日本の憲法と法令が適用されず、裁判権もアメリカに握られているのに潜在主権は日本にあるという理屈を立てた。

佐高　「屈辱の日」を祝うという感覚はどうしようもないですね。

佐藤　まさに差別が構造化しているからです。一九七二年五月一五日に沖縄が本土に復帰した後、四〇年以上経った現時点でもなお、日本の国土の〇・六パーセントの面積しか占めない沖縄に、日本全体の約七四パーセントの米軍基地があるという不平等な状況は変わっていないわけですよね。

もし状況が変わっていれば、沖縄の人々が客観的に平等を実感できるような変化があるのなら、四月二八日の反発にならないんですよ。差別のシンボルだから反発しているわけです。ところが外務官僚や防衛官僚には、沖縄がなぜ反発するかがわからないんです。マスメディアの大部分もそうだと思います。だから、琉球新報と沖縄タイムス、朝日新聞と左翼が煽っているんだ、また沖縄が駄々をこねているんだろう、迷惑な話だということになってしまうんです。潜在主権が確認されているんだから主権回復の一歩だ、潜在主権も主権も法的にはそう違わないと、こういう感覚だと思うんですね。

佐高　そんな「主権」ならいらないといいたくなりますよね。

佐藤　沖縄に対する無理解を一番象徴しているのが、皮肉なことに、いわゆる「沖縄通」といわれる人たちです。たとえば『「普天間《ふてんま》」交渉秘録』を書いた元防衛事務次官の守屋武昌《もりやたけまさ》なんていう人は、沖縄の事情をよく知っているわけですよ。しかし、守屋は沖縄人を自分と対等の人間と見ていない。守屋はこの本の序文で、こういうことを書いています。

守屋は子ども時代の思い出として、「仙台と石巻を結ぶ仙石線《せんせきせん》は、青のビロードが張られた座《ざ》椅子《いす》の米軍専用車両と、板張りの座椅子の日本人専用車両とに分けられた。日本人女性が米兵に寄り添い米軍専用車両に乗っていたから、私は不思議に思い母にその理由を尋ね、母に叱《しか》られた思い出がある」と記す。そしてこのことを防衛官僚になって一九七五年三月に沖縄を初めて訪れたときの感想と結びつけ、「ベトナム戦争は終わりに近づいていたが、嘉手納基地からは戦闘機ファントムⅡが轟音《ごうおん》とともに次々に発進し、日が燦々《さんさん》と照りつける沖縄の空に、矢のように垂直に上がっていった。一方、基地の金網のすぐ外側には、米軍に土地を取られた住民たちが密集して暮らしていた。私はそのコントラストを見て、『ここは日本なのか』と思った。私が占領期に見た風景がそこに重なった」と書いています。

守屋は、自分の母親や妹が米兵にしなだれかかる側に行くとは絶対に思っていない。ある意味、蔑んだ目で見ているわけです。それと同じ視座で今も沖縄を見ている。こういう輩《やから》が防衛省で沖縄を担当していたから普天間の辺野古《へのこ》移設のようなことが起きる。

穂積五一《ほづみごいち》のアジア独立運動

佐高　今の主権回復の日の話を聞いて、私が思い出したのは、穂積五一のことです。穂積は、大正期に活躍した憲法学者の上杉慎吉の私塾で、のちにアジア文化協会の新星学寮になる至軒寮の主監を務めた人です。上杉を支持するグループは、七生社という右翼の集まりを作りますが、岸信介はこの最初の頃のメンバーです。

穂積五一は、戦中に真っ直ぐにアジア開放を信じるわけです。ものすごく国粋主義的な人なんです。それでアジアの独立ということを真剣に考えて、朝鮮・台湾とかの独立運動家に身を寄せる。そうすると、それが日本の軍隊が考えることとは違うわけですよね。

佐藤　ただ、そこで日本の軍隊とも共通しているところがあって、必ず「日本の」アジア主義者なんですよ。

このへんについて最近よくまとめたのが小倉和夫さんの『日本のアジア外交』という本で、彼が面白い表現をしています。要するに黄禍論に近いような、欧米の侵略に対抗するときに日本が主導的な地位を占めて黄色人種を脱色していくという発想なんだと。

佐高 その穂積はでも、本気でそれを助けようとして捕まるんですよ。何回も拷問されるわけですね。ただ、そのときの拷問のされ方は、朝鮮とかの独立運動家で捕まった人より優しいわけです。それで穂積が、何であの人たちにひどいことをするんだというと、あいつらは人間じゃないという。

そこで穂積のすごいのは、戦後、アジア文化会館を造ってアジア留学生の面倒を見るわけですね。しかもその面倒の見方は、問題があっても麻薬と殺人以外は全部引き受ける。実際に様々な事件があって引き受けてやるんですね。

穂積には遺稿をまとめた『内観録』がありますが、穂積というのは、本当に国家主義から入って国家主義を抜け出る人なんですよ。それで千駄木のアジア文化会館をずっとやって、そこに村山富市が明治大学の学生になったときに入るんですよ。

佐藤 村山さんの回想録『村山富市回顧録』に書いていましたね。

佐高 そう。だから、あの村山談話の陰には、穂積五一がいるんですよ。今の佐藤さんのいうように、本気で信じてアジアひとしなみというのと、手段として差別を利用していくというのとの違いが、こういう中にもきちっと書かれていますよね。

日本のガバナンスの崩壊

佐藤　最近の中央の状況を沖縄の側から見ると、安倍政権といわず、もはや日本のガバナンスは崩壊しているといっていい。六月に大阪市長の橋下徹さんと大阪府知事の松井一郎さんが、八尾市にオスプレイの訓練を移すといって首相官邸に陳情に行ったじゃないですか。あれには何の根拠があるのか。橋下さんは八尾市の選挙の洗礼を受けていないですよね。もちろん沖縄によっても受けていない。それから、松井さんは八尾市からは受けているけど、沖縄は関係ないですよね。

このとき、沖縄の地域政党の政党そうぞうの下地幹郎《しもじみきお》代表も一緒に行ったんですが、彼はこの前の選挙で落とされている、つまり沖縄の民意を代表しないという烙印《らくいん》を押された人なわけです。しかも、日本維新の会と下地さんのそうぞうという政党は、政策協定を結んでいません。日本維新の会じゃなくて、大阪維新の会と結んでいるんです。

だから、国政レベルのことでのコミットメント、民主的な手続きは何も経ていないというのに、どういう立場でいっているのか、それは一私人、一日本国民として会っているという以外に意味がないわけなんです。

しかも、何でそういう人のいうことを聞いて、首相官邸は八尾での受け入れ可能性について検討しろという指示を防衛省に出すのか。

この流れで、防衛省に指示が出されたとしたら、八尾市の市民が反対をしているという理由ではぜったいに拒否できないはずなんですよね。なぜかというと、八尾市の市民が反対しているから民主的な手続きによって移転を拒否するというなら、宜野湾《ぎのわん》市民や沖縄県民が反対しているのはどうなんだ、八尾市の民意は聞くのに沖縄の民意は聞かないのか、露骨な差別ではないかということになる。

すると、落としどころは一つしかない。「アメリカの訓練計画として八尾ではやらない」。そうなるとどうなるかというと、アメリカという巨大な力があるから、われわれが移転しようと思ってもできなかった、悪いのはアメリカだという孫崎史観になるわけです。

そうすると、「アメリカはけしからん」といって日米同盟が傷つくわけです。政権の立場からして、いいことは何もないじゃないですか。

それがわからない菅義偉《すがよしひで》官房長官というのは、まったくダメですね。菅さんがあたかも全体のマネージメントができて、辣腕の官房長官だというのは、神話もいいところですよ。

佐高 沖縄への痛みを持っていた野中広務とはまったく違いますね。

オスプレイの全国展開は外務官僚の発想

佐藤　最近、政府はオスプレイの問題を軟着陸させるために新しいアプローチを取っています。オスプレイを全国展開するという手法です。沖縄の論理は、なぜ沖縄にだけオスプレイが配備されるのかという差別の問題です。だったら日本全体に平等にオスプレイの脅威を振りまくというかたちで解決を図ったわけです。

佐高　対米自立などという安倍首相が、この問題では完全に腰が引けていますからね。

佐藤　これは外務官僚の発想ですよ。だから外務省がオスプレイを購入するという話が、外務省筋でずっと流れていたじゃないですか。それで外務省が頑張ってアメリカと相談して、これは沖縄だけの負担じゃ持たないから日本全体に負担させろとやったわけです。

　防衛省の発想はそうじゃなくて、オスプレイのようなおっかない飛行機は、極力、本土つまり瑞穂《みずほ》の国には持ち込みたくないから、琉球に置いておけということです。それに対して、皆で危険を分担しないと持たないからというのが、外務官僚の発想ですよね。

佐高　なるほど。同じ官僚でも発想の仕方がまったく違う。

佐藤　外務官僚と防衛官僚が違うところは二つ。偏差値と柔軟性です。

佐高　それはまさに、第三章で話した昔の外務官僚と軍人との違いですね。

佐藤　別のいい方をすれば、どっちがより悪質かということです。

佐高　死刑を電気椅子でやるか鉞《まさかり》でやるかという違いですか？

佐藤　というよりも、死刑の執行をやるか、命令書にサインをするかという違いでしょう。

佐高　下手人になるか命令者になるかの違い。

佐藤　そうですね。命令者になるということを巧みに隠しながら無責任な体系の中に入っていく天才が外務官僚たちですからね。

構造化された差別の問題

佐藤　橋下大阪市長といえば、オスプレイの移転の話の前に、「慰安婦は必要だった」「沖縄の米兵にも風俗を活用させれば」などと発言して内外から厳しい批判を浴びました。

彼は自分の出自に関する週刊誌報道については、佐野眞一を相手に頑張りましたが、でもそれ以上の差別されている人々に対する想像力が働かないんですよね。

ただ、これは差別をめぐる、ある種の構造的な問題です。批判的検討が必要な事件ですが、一九〇三（明治三六）年に大阪で開かれた内国勧業博覧会で、人類館事件というのがありました。琉球のほか、アイヌ、朝鮮などの人々を見世物にしたので、沖縄が抗議したんです。でもそのときの沖縄の理屈は、「われわれを朝鮮人、アイヌ人のような蛮族たちと同じ扱いにするのか」「これは沖縄に対する差別じゃないか」ということだったんです。

佐高　人間をということじゃなくてね。

佐藤　人権に基づいた抗議ではない、当時の沖縄の異議申し立ての二面性なんですよ。中央に対する強い異議申し立てはするんだけれども、そのときに「朝鮮やアイヌと同じにするのか」というい方をした。その限界を克服していくまでが、沖縄でもすごく時間がかかったわけです。

佐高　それで思い出すのは、岡部伊都子《いつこ》さんという随筆家がいたでしょう。あの人は本当に優しげな人で、竹富島《たけとみ》に彼女が寄付をして作ったこぼし文庫という島の子どもたちのための小さな図書館があるんだけれども、その彼女が解放同盟の集会へ行って、「あなた方は女を差別してこなかったか」といったんですよ。そうしたら、満場がシーンとなった。

佐藤　そういう複合差別の問題は、黒人の運動においてもありますね。

佐高　そうそう。だから、そういうのが全然、橋下はわかっていないわけですよね。

佐藤　橋下さんは、自分は苦労しながら這い上がってきた、だから、努力する人は報われると思っているんです。でもそれは違って、報われている人は努力しているというだけの話なんですね。努力しても報われない人はたくさんいるんです。

佐高　それを中国の民衆の姿を借りて描いたのが魯迅《ろじん》ですよね。

米軍の対沖縄戦略の教科書

佐藤　沖縄に対する差別の問題は、根が深いんです。

前の章で、戦後のアメリカ軍の占領政策では『菊と刀』が原本だったという話をしました。これはほとんど日本人には知られていないんですが、沖縄に対する占領政策でも、ベースになった本があるんですよ。イエール大学の社会学者のグループが、第二次世界大戦中の一九四四(昭和一九)年に沖縄戦に備えてまとめたもので、二つあります。

一つは、『民事ハンドブック(Civil affairs handbook)』という本で、沖縄というのはどういうところで、各島の地形から、どういう資源があるか、住民や、売春事情、男と女の関係、日本人に対する感覚、日本と沖縄の歴史の中で差別がどのようになっていたかということを調べていて、『菊と刀』の一・五倍ぐらいの分量があります。

それから、『琉球列島の沖縄人(The Okinawas of the Loo Choo islands : a Japanese minority group)』。

これはもっと露骨に、沖縄には構造化された徹底的な日本からの差別があり、これを活かして琉球人を味方につけて戦争を有利にするのだ、ということが書かれています。ここは日本の南部の広域植民地で、一七世紀からずっと植民政策が行われていて、その矛盾が一番集中しているところだ。だからここの民衆は日本人からの分断が可能であると。

佐高　では、分断支配という方針は最初から？

佐藤　一九四四年にその本がすでに出ていて、それに基づいて占領政策をやっている。だから分断政策は、沖縄戦のあと占領してから決めたのではなく、最初からグランドデザインを描いていたわけです。

この本でいう琉球列島には、奄美も全部入っているのですが、この二冊は、一九九五（平成七）年と九六年に刊行された『沖縄県史』の資料編の一巻と二巻、沖縄戦のところで、原文と翻訳が出ています。

佐高　『琉球列島の沖縄人』というのは、要するにヤマトンチュとの違い？

佐藤　ええ、ヤマトの人たちとの違いです。それで、各地で本当に、外国人が何人いるか、宗教がどうなっているかとか、詳細に全部調べているのです。この調査にアメリカはインテリジェンスのかなりの力を注ぎました。

沖縄独立論

佐高　ところで、台湾と沖縄ってものすごく近いでしょう?

佐藤　距離的には近いですね。

佐高　それで、大琉球と小琉球という言葉があるんですね。

佐藤　小琉球というのは台湾のことを指します。これは、中国から見た場合、土地の大きさではなく、どちらのほうが経済力と文明の力があるかという観点から大小になるわけです。その発想につながるのは華夷《かい》秩序で、どちらに文明があってどちらが周辺であるか、文明に近いところほど立派なところだという、文明による中国の基準です。

佐高　そのへんのところをもう少しちゃんとわかるいい本は何かありますか?

佐藤　『沖縄県史』の通史編がいいです。

佐高　今現在、中国から見てその考えは変わっていないんですか?

佐藤　台湾に関してはむしろ琉球とかではなく、中国の一部ということでしょう。琉球は外で台湾は内という感覚で、台湾が外という感覚はもうないでしょう。

佐高　新川明《あらかわあきら》のインタビューを読んだのですが、一つの仮説として、沖縄を独立させて、大琉球と小琉球、それに日本と中国の四者対談というかたちで尖閣問題に対処せよという話だった。

佐藤　それも一つの面白い考えですね。

ただ、沖縄独立論があちこちで出てきているのに対して、これが中国と手を組んでいるなんていうトンチンカンな論評を見ると、日本で沖縄について真面目な議論をしても意味がないように思えてくる。

最近、岩波書店から『沖縄の自立と日本』という本が出て、すごく面白いです。新川明さんも書いていますが、それよりも、大田昌秀と稲嶺惠一《いなみねけいいち》という元県知事の二人が、座談会で話しているんです。この二人が、とても嚙《か》み合っている。

佐高　県知事選では闘った二人ですよね？

佐藤　はい。知事のときは、大田さんの時代よりも中央とうまくやっていこうという姿勢だった保守系の稲嶺さんが、「日本人とウチナーンチュって、歴史的背景もそうですが、今回の尖閣の問題なんかを見ても、微妙に考え方が違うんですよね。沖縄の人たちっていうのは、過去に中国との交渉の歴史もあるし、平和の海を介して中国と仲良くしていきたいという意識ですね。ところが日本からすると『けしからん』と。なんで沖縄は中国に抗議しないのだと。そういう意識の差があると思うんです。異質であるということについて、いろんな形を通じて、私たちも少し目覚めたと思っているんです。だからやっぱり、ウチナーンチュとしてのアイデンティティをしっかり見つめ直して、大事にしなければいけないなと思うのです」とまでいっているんです。沖縄は、事態がどんどん深刻になっている。

だから、保守の持っている沖縄ナショナリズムをどれだけリアルに理解できるかどうかが、日本人が沖縄独立論を対象化するときの鍵になります。

沖縄を読む

佐高 在日の作家を含め、朝鮮人の文学は日本でたくさん刊行されているし、読者も多いですよね。でも沖縄の作家は意外と少ない。

佐藤 沖縄の場合は、まず、沖縄の作家で直木賞を取っている人はいないですよね。だから、大衆文学というかたちでまだ日本語がなじんでいないというのが、大城立裕《おおしろたつひろ》先生の仮説なんですよ。だから、芥川賞は取れるんだけれども、直木賞が取れない。

大衆文学的なものは、方言でやる民衆芝居のほうに行ってしまって、そっちの芝居のほうが面白いから、文字に書かれた方向に行かないと。

ボーダーインクという沖縄の小さな出版社があって、新書で『沖縄本礼賛』という本を出しているんです。著者は東京に住んでいる愛書家の平山鉄太郎という人で、読んだことはないけれども本だけ集めるというのが趣味といっている。実際はかなりきちんと読んでいると思います。それで沖縄本だけで四〇〇〇冊以上持っている。

佐高　読んでいないというところが面白いですが、買ったとたんに読んだ気になるというのは確かにありますね。

佐藤　それで、どういうふうにしてその四〇〇〇冊以上を集めたのかという、その集め方だけを書いた本なんです。たとえば、インターネットを使った古本の探し方とか。本の価値をよくわかっていない古本屋だと、タイトルなどの文字が一字違ったりして出ている。それを、正確な名前ではなく一字抜いて検索するとか。希覯《きこう》本をいかにして安く手に入れるかというノウハウがすごくたくさん書いてあります。インターネットの検索機能を用いたチェックの仕方とか。

佐高　なるほど。

佐藤　蔵書について書かれた本といえば、ティモシー・ライバックの『ヒトラーの秘密図書館』も面白い。アメリカ軍が押収したヒトラーの蔵書があるんですね。その書き込みとか、実際に開いているかというのをチェックして、それがヒトラーの演説とかにどう影響していたかということを調べているんです。

その本の中に出ているんですが、ベンヤミンによると人は持っている蔵書の一〇パーセントくらいしか読んでいないそうです。蔵書家というのは、だいたいそれぐらいしか読んでいない。しかしヒトラーは、本を非常によく読んでいる。しかも、アメリカやイギリスの本をよく読んでいるんですね、ドイツ語訳の翻訳書で。だから、ヒトラーの人種思想や反ユダヤ主義のかなりの部分が、アメリカ、イギリスから入ってきている。それを実証的に証明しているんですよ。

佐高 哲学書とか、そういうのもかなり読んでいる?

佐藤 二級哲学書、通俗書をよく読んでいます。通俗哲学書。

佐高 「すぐわかる、誰でもわかる!」とか、そういうような?

佐藤 そういう感じです。

沖縄・差別の構造を読む、必読ブックリスト

『沖縄ヤクザ50年戦争―分裂、抗争、統一、そして分裂』		洋泉社
『映画はやくざなり』	笠原和夫	新潮社
『「妖しの民」と生まれきて』	笠原和夫	講談社
『仁義なき戦い』	飯干晃一	角川文庫
『「普天間」交渉秘録』	守屋武昌	新潮文庫
『内観録―穂積五一遺稿』	穂積五一	穂積五一先生追悼記念出版委員会
『日本のアジア外交―二千年の系譜』	小倉和夫	藤原書店
『秘録・日韓1兆円資金』	小倉和夫	講談社
『村山富市回顧録』	村山富市述／薬師寺克行編	岩波書店
『「村山談話」とは何か』	村山富市／佐高信	角川oneテーマ21新書
『菊と刀―日本文化の型』	ルース・ベネディクト	講談社学術文庫
『沖縄県史　資料編1　沖縄戦1　民事ハンドブック』	沖縄県立図書館資料編集室編	沖縄県教育委員会
『沖縄県史　資料編2　沖縄戦2　琉球列島の沖縄人』	沖縄県立図書館資料編集室編	沖縄県教育委員会
『沖縄県史　第1巻　通史』沖縄県教育委員会	沖縄県教育委員会編	沖縄県教育委員会
『沖縄の自立と日本―「復帰」40年の問いかけ』	大田昌秀／新川明／稲嶺惠一／新崎盛暉	岩波書店
『沖縄本礼賛』	平山鉄太郎	ボーダーインク
『琉球処分論』	金城正篤	沖縄タイムス社
『小説琉球処分』	大城立裕	講談社文庫
『カクテル・パーティー』	大城立裕	岩波現代文庫
『沖縄にとって天皇制とは何か』	沖縄タイムス社編	沖縄タイムス社
『琉球の歴史』	ジョージ・H・カー	琉球列島米国民政府
『母なる海から日本を読み解く』	佐藤優	新潮文庫
『沖縄戦記　鉄の暴風』	沖縄タイムス社編	沖縄タイムス社
『ヒトラーの秘密図書館』	ティモシー・ライバック	文藝春秋

※本文中には紹介されていませんがお薦めです
…佐高信セレクト
…佐藤優セレクト

第六章　日本・日本人

丸山眞男《まさお》の思想

佐高　丸山眞男といえば、日本の思想界の大スターで、近代政治学の丸山学派にその名を残しています。丸山について、佐藤さんはどういう印象ですか？

佐藤　「日本ファシズムの思想と運動」〔『現代政治の思想と行動』所収〕にある〝亜インテリ〟というカテゴリーがよくないですね。ファシズムは、小学校の教頭や中学の教師、神主といった、要するに二級のインテリが中途半端な知識で起こすんだと。真実のインテリというのは東京帝大と一部、京都帝大を卒業した人で、それ以外はファシズムの協力者だ、という図式です。一種の、ナチスが台頭した理由を没落した中間階級に求める議論に近いです。

佐高　一方である種、庶民の知恵みたいなもの、生活人の知恵も信頼してますよね。

佐藤　どうでしょうか。丸山は基本的に庶民を馬鹿にしていると思います。丸山眞男の思想というのは、戦前のマルクス主義で労農派（非共産党系）と対立した講座派（共産党系）と親和的です。共産党の前衛思想とも親和的だし、官僚とも親和的なんですよ。一九三〇年代、反戦・反ファシズム運動のよりどころになる雑誌「世界文化」に関わった久野収先生や和田洋一先生といった在野の思想家の対極の存在です。

佐高　久野さんは、私が編集委員をやっている「週刊金曜日」の名づけ親なんです。ドイツ文学の和田さんには『灰色のユーモア』や『わたしの始末書』、『「甘やかされた」朝鮮』などの著書や共著もありますよね。

佐藤　私は学生の頃、『灰色のユーモア』を和田先生から直々にいただき、その晩に一気に読んだことをよく覚えています。和田先生にしても久野先生にしてもユーモアたっぷりで、いっけん勇気がなさそうで、実は勇気がある。一方、勇ましく見えながら実は臆病《おくびょう》で、偉そうで、ユーモアのセンスがゼロの丸山はことごとく対極に位置しています。

佐高　私などかなり丸山の影響も入っていますが、分析するとそういうことなのでしょうね。

佐藤　分析としての丸山ということと、やっぱり類型が講座派的。佐高さんも共産党は嫌いですけども、日本人の持つ特殊性を重視しています。そういう意味では、歴史の見方とか、日本の会社の特殊な構造とかの見方が講座派的なんです。

だからそういう意味において、日本という型を重視するかどうかを基準にすると、丸山とか、大塚史学の大塚久雄とか、講座派のほうに行くと思うんです。

亜インテリとは誰か

佐藤　そもそも丸山って権威主義的なので、私はあまり好きではないんです。岩波書店は丸山の全集を三度も出していますが、なぜそんなに丸山が好きなのでしょう。

佐高　それだけ売れるということもありますよね。

佐藤　私は、丸山の知性の水準が高いと、感じたことがないんです。もっとも、丸山眞男VS鶴《つる》見俊輔《みしゅんすけ》なんていう比べ方をすれば、丸山のほうが一応、学者ですから……。

佐高　やっぱり信者が多いんですね。

佐藤　そういうことでしょう。丸山の書いたものは、テキストとしては面白くて優れているんですよ。読みやすいし。書き手の側に感情移入していくようなテキストなんですね。それが非常にうまい。そうすると、これを読んでいて、亜インテリの側に自分を置く人はいないんですよ。読んでいる人は、自分がインテリだと思ってしまう。

佐高　そうそう。

佐藤　ところが、私は何で引っ掛かったのかといったら、亜インテリで神主というのが出ていたからなんですよ。どういうことかというと、神主でもキリスト教の牧師でもいいんだけれども、宗教という切り口で知性が一回り低いんだという、そこのところに私はカチンと来たわけです。私はプロパーで神学をやっているでしょう。だから、宗教が関わっているところにおいて、この人は偏見があると気がついた。
神主だったら、たとえば、葦津珍彦《あしづうずひこ》みたいな知識人がいるわけだし。そういうカテゴリーでくくってしまうというところに、「あれ？」と思った原因があるんですよ。

佐高　それと、やっぱり丸山眞男が書いたのは、分析の書であって、革命とかの書ではないですよね。
北一輝なんかの場合は運動家だから、いわゆる赤坊主なんかも巻き込むわけでしょう。坊主でマルクス主義にかぶれるのが赤坊主ですね。そういうのは、丸山の分析では落ちるわけですよね。

佐藤　そう、完全にそういったところは落ちてしまう。

佐高　何で赤坊主になっていくのかというのがね。

丸山眞男は現代の池上彰

佐藤　晩年の古層の研究、『忠誠と反逆』では、「歴史意識の『古層』」というところで『古事記』

の研究に入っていきます。あれはもう天皇賛歌の一歩手前ですね。野上弥生子《のがみやえこ》の孫娘にあたる、長谷川三千子先生の考え方と非常に近いと思います。

そのへんのところで、丸山にはある意味で日本ファシズムと親和的なところがあるんですよね。生成概念によって宇宙を捉えていくとか。帝国市民はもともとあるんじゃなくて、なっていくものだという、そういうような要素はあると思う。だから、非常に不思議な人ですよね。

佐高　つまり、まさに亜インテリにとっての自己弁明を与えてくれるんですね。

佐藤　そうそう。知的な雰囲気と。だから、この丸山眞男の雰囲気というのは、みんなそうとは思わないでしょうが、今の感じだと池上彰さんに近いと思うんです。

それから、丸山は幅広い教養人であるということを重視して、専門ばかを非常に軽蔑しているわけですよね。ところが、東京大学の先生たちのそれまでのスタイルというのは、たとえば戦後、東京帝国大学の教授を務めたマルクス経済学の宇野弘蔵が典型的だと思うのですが、「最近、私が経済学者というので、いろんな学者などと会うときに、『繊維問題についてどう思いますか?』と聞かれるんだ」と。「だから、『それは私は基礎医学をやっているので、臨床はやっていませんから』というんだが、繊維とかそういった下品なことを、『経済学だから答えられる』とかみんな思っているんじゃないか。貨幣がどういうふうにして資本に転化するとか、ここで書かれている商品は資本主義時代の商品か、それとも時代が通底している商品かとか、そういうことの研究はおれはわかるけれども、繊維のことなんか知っているはずない」とかいって、すごく怒っているんですよ。

でも、丸山眞男だったら、繊維について一言いったと思うんですよ。だから、その雰囲気でいったら、丸山眞男は、やっぱり池上彰さんなんですよ。

佐高　何でも語れてしまうというような。私もテレビなんかで経済評論家という肩書を先方がつけてくれることもあるでしょう。そうすると、講演などが終わったあと、「株はどうなりますか?」とか聞く人がいるからね。そういうときはしょうがないから、「それは別料金になります」っていう。

佐藤　ははは。それ、いい答え方と思いますね。

被爆体験が丸山眞男にもたらしたもの

佐藤　丸山眞男については、一つは竹内洋《よう》さんの『丸山眞男の時代』もよかったんだけれども、「月刊日本」という理論右翼の雑誌にいつも書いている山崎行太郎さんの話がよかったですね。この人は、曽野綾子さんを批判して大江健三郎さんを支持したり、是々非々で思想的に非常にしっかりしている知識人です。
　彼は丸山のことを結構細かく調べていて、こういっていました。
丸山のギルティ・コンシャス、罪の意識というのは、広島の原爆じゃないかと。原爆のとき、彼は陸軍に召集されていて、広島の中心部からはちょっと離れた宇品《うじな》にいた。で、彼の部隊の人間は全員被爆地に行って、原爆の復旧の作業をして二次被曝している。ところが、彼だけは部隊に残された。山崎さんは、丸山のこの体験が心理的抑圧になっていると考えます。

佐高　ただ、被爆手帳は持っていたらしいんですよね。それともう一つ、これも広島のときの話でしょうが、軍の偉い人が彼を呼び出すんですね。それで、もし日本が敗戦になったらどうなるかというのを丸山に聞くわけです。「何も咎《とが》めないから、全部思ったことをいえ」と。それで、かなり悲劇的な予測をした。

佐藤　たぶん、そのへんのところがあって、自分自身がそういった中で生き残ってしまった。そこの責任感が非常に強いので、メンタリティーとしては、いわゆる左派、市民派のほうで捉えられているんだけれども、愛国心や民族に対する愛がものすごく強い人のように自分は思えるんだというのが、山崎さんの丸山観でしたね。とても説得力があります。
　だから、古層のほうにつながっているのはまったく偶然ではなく、必然的な流れなんだと。

大江裁判で岩波を擁護した保守論客

佐藤　山崎行太郎さんは、最近『保守論壇亡国論』という本を出しています。櫻井《さくらい》よしこさんや中西輝政さんたちの保守論客を手厳しく批判しています。最初の頃の『小林秀雄とベルクソン』とか、一連の「月刊日本」での評論活動は、やっぱりすごく面白いですよね。

佐高　沖縄集団自決裁判で大江健三郎さんを支持したのも、よかったですね。

佐藤　あれで右派陣営が割れてしまうんですよね。右派は、全員が「大江はけしからん」というふうに取っているが、「曽野綾子は、巨塊が大江さんの造語だったというところを理解していない。彼女の読みの問題だ。これは難癖の類だ」と喝破して、「曽野綾子が、集団自決を命じたとされる赤松大尉らと会っていない、といっているのはうそだ」「『青い海』という古い雑誌に、一緒に写っている写真が出ている。だからうそをついている」「これは大江文学への嫉妬から生まれているんだ」と。それが山崎さんの言説なんですけどね。非常にいいところを突いていると思うんですよ。

それから、これは「月刊日本」の中でいっていたんだけれども、山崎さんは、沖縄の集団自決を人ごとと思えないんだと。どうしてかというと、自分はまだ生まれていなかったが、自分の父親は兵役で南大東島《みなみだいとうじま》に行っていて、沖縄戦があったから確実に死んだと思っていたが、帰ってきた。それから、大隅《おおすみ》半島では空襲もあって、乳飲み子の自分の兄を連れながら、お母さんが逃げていた。もし、本土決戦になって米軍が九州に上がってくると、自分のところでも集団自決はあったと。この感覚が、要するに、いわゆる保守派の連中には欠けていると。

これが彼の、なぜ大江裁判で大江さんの側に立つのかという、一番の理由と書いてあるんですね。右派の世界でずっときていた人が、その中であの大江裁判に対して、「私は大江さんのほうが正しいと思う」「岩波書店の主張のほうがきちんとしている」「訴えは難癖である」ということをいうのは、相当の勇気がいることですよ。

そういうことができる人がいるということと、「月刊日本」がそういう人に場所をちゃんと与えているということは、理論右翼恐るべしというところだと思うんですよね。だから、丸山眞男に対しては、「月刊日本」の人たちは、ある意味、非常に温かいんですよ。いわゆる保守派の丸山眞男批判というのは、テキストを全然読んでいないんじゃないかと思います。「私たちは右翼ではなく、保守です」というようないい訳をする人と比較して、「右翼で何が悪い」というちゃんとした理論右翼の人たちとは、結構、話ができますね。

佐高　久野収と鶴見俊輔、そして藤田省三の鼎談『戦後日本の思想』に丸山の思想の分析がある。内在的批判です。

佐藤　下手をすると、今は理論右翼のほうが左翼よりも本を読んでいるかもしれない。鈴木邦男さんを見ると、本当にそう思います。

丸山眞男の貴族性

佐高　丸山に戻りますが、丸山眞男は、文藝春秋からは本を出していないですよね。

佐藤　出していないですね、そういえば。

佐高　出さないいんだと思うんです。久野収なら、もし声が掛かったら書いたと思うんですね。そこがある種の貴族性というか孤高性なんですかね。

佐藤　もしかしたら、丸山は新潮とか講談社からも出していないんじゃないですか。

佐高　出してないですね。

佐藤　戦犯出版社からは出さなかったんでしょう。この三つの出版社は、全部戦犯出版社です。社長を替えさせられたり、文春は一回つぶれて文藝春秋新社になっています。講談社も、大日本雄辯會《ゆうべんかい》講談社から一回つぶれています。新潮も実は新潮社じゃなくて、新潮出版だったわけで、別会社だったんですね。だから、丸山の孤高性と同時に、イデオロギー的な問題があると思います。積極的に戦争体制に協力した出版社では書かないという気持ちがあったんじゃないですかね。

佐高　なるほど、それが一つの、丸山なりの言行一致になっている。

佐藤　あの頃の出版というのは、今と比較にならないぐらい儲かった時代だと思うんです。たとえば、文春や新潮、講談社で出すということは、岩波と違ってものすごい金になる。岩波は、再販制度とは無縁の会社で、初刷印税という話でいえば、文春や新潮、講談社で本を出すのと比べて、あの当時の書き手にとっては経済的には数倍の差があったと思うんですよ。

金の嫌いな人間は世の中にいないので、丸山さんはきっと何かそのへんのところで金にこだわらなかったんですね。だって、未来社のような少部数出版しかしないところからも出しているわけですから。

佐高　そうですね。金で動くのは、身をやつすことと思っていたかもしれない。

佐藤　丸山と版元というのは、面白いテーマかもしれません。

労農派だが日本主義的な向坂逸郎《さきさかいつろう》

佐藤　たぶん佐高さんは、宇野弘蔵さんとか柄谷行人《からたにこうじん》さんとかを読んでも、面白くないですよね。

佐高　そうそう、佐藤さんとの違いはそこだね。

佐藤　柄谷行人さんとか宇野弘蔵さんというのは、普遍的なところに議論を持っていく傾向が強い。思考の鋳型が労農派的なんですよ。

佐高　マルクス経済学でも、向坂逸郎は読みますね。魅力のある人でした。

佐藤　非常にリゴリスティックで、筆が立つ人でしたね。大内兵衛《おおうちひょうえ》とともに社会主義協会を指導した労農派の代表的人物です。

佐高　向坂の『学ぶということ』は、座右の書で愛読しました。私が学生の頃で、先ほどの文藝春秋新社でした。

佐藤　向坂逸郎さんは、マルクス主義者なのだけど、すごく儒教的、日本主義的なところがあります。向坂さんが育てた活動家が起こした三井三池の闘いは非常に泥臭い闘いで、それは彼の理論と分離してるんですよね。

向坂逸郎さんのエッセーの中で、「にんじん」というのがあるんですよ。これは、晩年のまだ元気だった最後の頃の一九七四（昭和四九）年に出た『わが生涯の闘い』という、文藝春秋から出ている向坂さんのエッセー集に入ってます。

にんじんといえば小説の『にんじん』を思い出すが、最近の若い連中は、美しい女の黒髪をにんじん色に染めている。自由というのはまったくもってどういうことなんだ。それから何だ、あのミニスカートというのは。私の妻は着物しか着たことがない。お尻が出るようなミニスカートを穿《は》いて歩いているのを見ると、独占資本の超過利潤が足をもって歩いているような感じがする、という話です。

佐高　それは、ルナールの『にんじん』を逆手に取っている？

佐藤　そういうわけではなくて、本当に怒ってるんです。最近の若い女たちが髪を赤く染めて、ミニスカートを穿いているということに関して、日本の伝統に反すると怒る。この発想は、世界全体を単一の社会システムとみなす世界システム論とは合致しないですよ。すごく封建的で、リゴリスティックな感じが面白いです。

敗戦で開花した知のルネサンス

佐高　上原専禄という明治生まれの歴史学者がいます。なかなかの人でしたね。

佐藤　『死者・生者』ですね。上原専禄は奥さんの死と直面して、「死者との連帯」ということをいい出すんです。今までのわれわれの一番の問題は、生きている人間のことしか考えなかったことだが、生きている人間よりもすでに死んだ人間のほうが多いはずだ。死者との連帯ということをきちんと考えないといけないと。その根源は日蓮にあるということで、日蓮研究にのめりこんでいきます。それで、理論と実践を一致させないといけないということで、家を捨てて放浪の旅に出る。その途中で死んでしまうんです。

佐高　歴史の中の責任とか、そういうものをすごく真面目に追究した人ですよね。

佐藤　そうですね。それで最後、死者との連帯になる。上原専禄さんは私にとって非常に強いインパクトを与えた人です。『岩波講座　世界歴史』（第一版）の別巻に収録された「日本近代史学の再検討」に、「上原理論についての覚書」という論文が一本あったんですね。書いているのは田中陽児教授です。

その中で、上原さんは戦争責任の問題とか、歴史における責任の問題、それから死者との連帯の問題などを書いてきたけれど、それを全部読んでも最終的に上原さんが何を考えているのかわからなくなってきた、と書いてあります。

しかし、上原さんは社会学的なものの考え方ということにおいて、すごく重要な人だと思います。彼がいなければマックス・ウェーバーなんて日本であんなにはやらなかったですからね。『古代社会経済史』の監修をはじめ、上原さんのウェーバー紹介は日本の知識人に影響を与えました。
佐高　歴史のほうでは、戦後のマルクス主義史学の重鎮で、西洋史学者の江口朴郎《えぐちぼくろう》という人もいたでしょう？
佐藤　外交史の中ではベーシックな、『帝国主義の時代』を岩波全書から出しています。共産党系ですよね。
佐高　あのあたりの人は、みんな共産党が多いですからね。
佐藤　そうですね。歴史学は、ほとんど共産党系ですね。
佐高　『帝国主義と民族』もあります。
　なぜ突然、江口朴郎といったかというと、私は生まれたときに朴郎という名前をつけられるところだったんです。そうしたら、おふくろたちがそれは絶対にまずいと反対して。だから、江口朴郎には変な親近感があるんですね。
佐藤　そうですか。でも、江口朴郎も読まれなくなりましたね。
佐高　石母田正《いしもだしょう》とか。『歴史と民族の発見』はやはり名著でしょう。
佐藤　そうですね。あのへんは民科の人たちですね。
佐高　民主主義科学者協会。敗戦後すぐに創立され、戦後日本の民主的科学運動に大きな足跡を残した。

佐藤　民科の前身である唯物論研究会の人たちが持った知的な影響力は、終戦直後に哲学者の三枝博音《さいぐさひろと》さんたちが造った学校、鎌倉アカデミアにつながったんですよね。

佐高　三枝や同じく哲学者の戸坂潤は、戦前に唯物論研究会をやっていましたよね。

佐藤　はい。『三浦梅園の哲学』や『ヘーゲル・大論理学』に代表される、鎌倉アカデミアの遺産をきちんと継承していく必要がありますよね。

一九三〇年代の真ん中ぐらいから、本当に思想が押さえつけられたわけです。それでみんな頭の引き出しの中に書いてしまってあたためていたのが、一九四五年の敗戦によって一気に出てきた。本当に思想のルネサンスが起きるんです。

佐高　そういう意味での日本のルネサンスだよね。

佐藤　このルネサンスは、おそらくは一九五〇年の朝鮮戦争、レッドパージ、共産党非合法化まで続くんです。そのへんの時代には、日本の民主主義的な潮流と、資本主義の中のリベラルな潮流と、共産主義的な潮流と、その全部が切磋琢磨《せっさたくま》して、今まで抑圧されたものを全部引き出してくる。

だからそのときに、たとえば三笠文庫や東洋文庫といった一連の新しい文庫が安い値段で出てきて、みんながすぐに飛びついたんです。

佐高　アテネ文庫もありましたね。

佐藤　アテネ文庫もそうです。それは短い期間なんですが、その残滓《ざんし》が一九八〇年代前半まで続くんです。

佐高　古本屋で文庫で残っていたりしますが、すごくいいものがたくさんありましたよね。

佐藤　あります。それから、戦後につぶれてしまいましたが、改造社の改造文庫ですね。布張りの、岩波文庫に比べて非常にしっかりとした装丁でした。改造文庫は一時復刻されましたが。

佐高　「マルクス・エンゲルス集」みたいなのも入っていた？

佐藤　いや、マルクス・エンゲルスのものは、昭和初期の円本のほうの『マルクス＝エンゲルス全集』で、改造文庫のほうはむしろマルクス・エンゲルス本体じゃなく、ソ連の哲学者のデボーリンやボグダーノフ、社会主義学者のプレハーノフとか、そういった周辺のものが多かったですね。

佐高　大内兵衛と向坂逸郎が監修した『反デューリング論』とか？

佐藤　それは戦後、新潮社から出ている選集ですね。あれが一番翻訳がいいんですよ。『反デューリング論』は、改造社では円本の全集にも入っています。

佐高　私は向坂のもので読みましたよ。

羽仁《はに》五郎の功績

佐高　マルクス主義の歴史学者では、羽仁五郎という人はどうなんでしょう？　戦後に革新系の参議院議員もつとめています。

佐藤　『都市の論理』を書いた人ですね。基本的に、私は羽仁さんのように講座派のごりごりしているのは、あまり好みではないですが。

岩波書店の「世界」の編集者、吉野源三郎が回想録『職業としての編集者』に、羽仁五郎に脅された話を書いていましたね。戦後、天皇を肯定的に書いた津田左右吉《そうきち》の論文を「世界」に載せたら、「日本の革命が成功した暁に、この論文を発表した責任を追及されてもいいのか。そのとき、君の頸に縄がかかってもいいのか」と脅しあげられたと。

佐高　人柄のきつさは相当なものだったらしいですからね。

羽仁五郎には、松本清張の口述速記をやっていた福岡隆が書いた回顧録『活字にならなかった話』があって、自分は羽仁五郎にいい印象は持っていない、風邪をひいたときに行って、こんこんとせきをしたら、「思索の邪魔になる」って怒られたっていうんだよね、羽仁五郎に。

そういうことをいいそうな人ですよね。

佐藤　一種のカリスマ性があった。やはり『都市の論理』は非常に重要でしたよね。

佐高　アジ演説で一番、聴衆を奮い立たせるのは羽仁五郎でしたね。うまいんですよ。

六〇年代にテレビで、リチャード・キンブルという医者が濡れ衣を着せられてずっと逃げていく「逃亡者」というドラマがあったんですよ。それがはやってるでしょ。そうすると、あの人テレビなんか見るのかなと思うんだけど、「真犯人は永田町にいる」とかやるんですよ。それがおかしかったですね。

共産党と知識人

佐高　羽仁五郎というのは、久野収の兄貴格ですね。

佐藤　戦前は久野さんの共産党との関係はどうだったんですか。

佐高　やっぱりある程度距離はあったんじゃないですか。ずばっとはいかなかったでしょうね。

佐藤　戦前に労農派の学者たちが弾圧されましたが、左派の京都人民戦線というのは、もともと共産党とは距離がありましたよね。前述の雑誌「世界文化」の人たちはむしろ、共産党から見ると日和見主義者みたいな見られ方をしていました。それで、和田洋一さんみたいなキリスト教徒もいるから。

佐高　三七年の人民戦線事件で検挙された禰津正志《ねずまさし》あたりは、共産党に近かったのかな。

佐藤　党籍を持っていたんじゃないですかね。戦後、除名になってますよね。

佐高　だから、たぶん中に何人かはいたんでしょうね。いわゆる、ラッサン・ブルマン・ポピュレールっていうんでしょ、人民戦線って。共産党との関係では、羽仁五郎も関係が難しいところでしょうね。

佐藤　彼は一時期党籍を持ってたんじゃないですかね。共産党が呼び捨てにしてぼろくそに批判していた記憶があるので。あれは党籍を持っていた人間に対して共産党がやる特徴ですから。

　四〇年代の後半、終戦後は猫もしゃくしも共産党という時代がありましたからね。代々木上《よよぎうえ》原《はら》教会の牧師だった赤岩栄なんていう人は、共産党入党宣言をして物議をかもしたことがありました。結局、入党はしませんでしたが。

佐高　出隆《いでたかし》とかね。

佐藤　東大でギリシア哲学を研究していた有名な学者さんですね。

佐高　羽仁五郎は、「思索の邪魔になる」なんて速記者を怒鳴りつけるような人なんだけれども、やはり不屈というか傑出していますね。岩波新書の『ミケルアンヂェロ』ってあるでしょう。ああいうので、多くの人が勇気づけられたことは確かです。抵抗の象徴としてのミケルアンヂェロですね。

佐藤　そうでしょうね。

佐高　だから、人格のいやらしさというのと、また別のところがありますね。

佐藤　作家というのは、基本的にテキストだけで判断されますから。人間が腐っていても、書いているものがよければ何でもいいんですから。そういう意味では、最近はいい人が増えてきたから作品の質も落ちているのかもしれないですね。

佐高　『小説三井物産』などを書いた小島直記さんは、城山さんのちょっと先輩のような感じの経済小説を書く人ですが、羽仁五郎が大嫌いなんですよ。自分も庶民派みたいな、強きをくじき弱きを助け、みたいなのが好きな人だから。ところが、メリメの『マテオ・ファルコーネ』という短編があるでしょう。正義のためには父であっても密告するという作品。小島直記がそれを好きだといっていたので、「羽仁さんもそれを勧めるといってましたよ」といったら、ものすごい嫌な顔をしてましたね。

反ファシズムを正面から考えた大森義太郎

佐藤　民科の話に戻りますが、民科の流れにつながる人で今に残していないといけない人って誰ですかね。
佐高　戸坂潤とか？
佐藤　戸坂潤は重要だと思います。岩波文庫に『日本イデオロギー論』が収録されています。それから、哲学入門的な啓蒙的な作業をけっこう彼はやっていますよね。気の毒なことに、終戦直前に獄中で死んでしまうんですが。
佐高　三木清は？
佐藤　ふにゃふにゃしてますよね。
佐高　そこがいいっていういい方もありますけど。
佐藤　戦争が終わっていたのに、獄から解放されないで死んでしまったんですよね。
　ただ、民科とは別の流れになりますが、マルクス主義系では、三木清とか戸坂潤より、私は哲学のほうだったら大森義太郎のほうが面白いと思います。唯物弁証法、映画評論なんかをしていた人です。昭和初期に東大の経済学部で人事紛争があって、そのときの中心人物の一人でした。
　竹内洋さんの『大学という病』が、その大森義太郎の処遇をめぐる話で、この本には大森の写真も出ています。

大森義太郎が書いた本では、『唯物弁証法読本』というのが一九三三年に中央公論社から出て、大ベストセラーになるんです。これは、大森の書く力がものすごくて、この頃はすでに満州事変に入っているんですが、伏せ字がゼロ。

佐高　ゼロ？

佐藤　伏せ字をまったく出さないでいいような、マルクスと国体変革に絶対に引っ掛からないかたちで、マルクス、エンゲルスについて説明した啓蒙書で、すごく売れたんです。数十万部。

佐高　今、知ってる人はいないよね。

佐藤　そうでしょう。それで、その一年後に、『まてりありすむす・みりたんす』という本を出したんです。これはラテン語で「戦闘的無神論」という意味ですが、その序文が非常にふるっていて、雑誌に発表されたものに比べ、伏せ字がいくぶん多くなっている。もちろん、私の本意ではないが、これぞ時世の変化というやつで、仕方ないだろうと。その直後に人民戦線事件でパクられるんですよ。でもそのときは非転向で、映画評論で食いつないで、一九四〇年に病死します。四〇代前半です。『まてりありすむす・みりたんす』は、戦後、黄土社から、伏せ字を埋めた版が出ています。

戦後、確か船山信一《ふなやましんいち》が自己批判しています。そこで大森について、社会ファシストだのぼろくそにいったことについて自己批判していました。大森は労農派唯一の哲学者だったんで船山は講座派として「あいつはやっつけなければならない」と思い込んでいた。

大森は講座派とはけんかをせずに、自由主義者の河合栄治郎とか、ヘーゲル哲学研究の先駆者で戦後に公職追放された紀平正美《きひらただよし》、右翼系の連中ともっぱらけんかをした。左翼の中で内ゲバみたいなことはやる必要がないというのが大森義太郎の考え方だったんです。労農派も講座派もいい加減にしろと。どこにエネルギーをかけているんだと。反ファッショ統一戦線ということを正面から考えた人です。今ファシズムが本当に迫っている。意外と危険なのが河合栄治郎だと。こういう洞察を持ったんですね。これは正しいですよ。

本物のリベラル・竹内洋

佐高　竹内洋があのへんに興味を持つというのは、どういうスタンスなんだろうね。

佐藤　竹内洋先生は、非常に不幸だと思うんですよね。というのは、もう少し出版界が健全な感じだったら、彼は基本、中公と岩波で仕事をしている人だと思うんです。歴史修正主義的なところはありますが、本質的にリベラルな人です。

ところが今、思想の座標軸がぐちゃぐちゃになっているから、竹内先生の仕事の場所が、中公でスタートしたのに、むしろメインが「諸君！」や「正論」、「Will」などといった、彼のリベラルな感覚からすると相当ずれているところになっている。要するにリベラル派を撃つというような編集方針の中に入れられているので、彼のテキストを理解しようという姿勢じゃない編集者が多い媒体で活動することになってますよね。

竹内先生がすごくいい仕事をしているのが、右翼の国家主義者、簑田胸喜《みのだむねき》の『簑田胸喜全集』を編者としてちゃんと作ったことです。

佐高　『革新幻想の戦後史』も、なかなか面白かったですよ。

佐藤　あのテーマは必ずしも革新幻想、反革新の立場ではないんですね。もっと社会学的に突き放した感じで書いていて、同時に右翼も切っているわけです。

佐高　そう。それから『メディアと知識人』という、清水幾太郎のことを書いた本もあったでしょう。

佐藤　それから中公新書の『丸山眞男の時代』。ただ、彼が書いた中で私が一番感銘を受けたのは、先ほども言及した『大学という病』です。大学が知の棺桶化しつつあるというのは、今に始まったことではないと。戦前からそうだったということですよね。

それから丸山眞男にしても、東大の内部紛争にしても、やっぱり京大の学者だから書けるんですね。

佐高　佐渡生まれというのもいいね。

佐藤　そう。彼は、同じ佐渡出身の北昤吉《れいきち》が好きなんですよ。北一輝じゃなくて、弟のほう。それで、昤吉のほうが実はイデオローグなんだっていう見方なんですね。

佐高　竹内は誰の薫陶を受けてるんですかね。

佐藤　彼は薫陶を一切受けない独学者じゃないかな。その意味では、学派的なものからすごく自由ですよ。だいたい、京大の先生で丸山に関心を持つこと自体が珍しいですよね。

佐高　だから私もあえて、「週刊金曜日」で彼の作品を推したんだ。

佐藤　言葉の正しい意味でリベラルな人ですから。リベラル派のいることができる場所が、今は少ないんですよね。

古在由重《こざいよししげ》の『ドイツ・イデオロギー』

佐高　戸坂潤と一緒に唯物論研究会を作って、治安維持法で捕まっている古在由重という人はどうなんでしょう？

佐藤　古在由重は晩年の最後の段階で、共産党と非常な緊張関係を持ってましたね。共産党から除名された吉田嘉清《よしきよ》を擁護した、原水協の吉田問題で。
古在はヘーゲルやマルクスの翻訳が非常にしっかりしている。今は岩波が増刷を止めちゃってるんですが、マルクスの『ドイツ・イデオロギー』の古在訳は非常にいい。
佐高　止めたというのは？
佐藤　『ドイツ・イデオロギー』は、岩波文庫から三種類出ているんです。戦前に出たのは『ドイッチェ・イデオロギー』という題で、三木清訳です。そのあとが古在訳で、今、書店に並んでいるのは廣松渉訳なんです。古在由重訳はアドラツキーという人が編纂《へんさん》した底本の翻訳で、これが相当、原本を切り貼りしてしまっているからよくないということで、できるだけマルクスのオリジナルに近いものに改訂したのが廣松版なんです。
ただ、思想については、流布したものを読まないとダメなんです。廣松さんとそのお弟子さんたちが「これがオリジナルに近いんだ」といっても、世界の圧倒的大多数の人、全世界の『ドイツ・イデオロギー』を読んでいる人口のおそらく九〇パーセント以上はアドラツキー版で読んでいるので、アドラツキー版の翻訳は生かしておかなければいけないんです。
佐高　正確さを第一義にしたら別だとしてもね。逆に、フェイクだから流布したかもしれないしね。

佐藤　そう。だから編集に大きな問題があるテキストについては、どの版かということがものすごく重要なんですよ。

佐高　古在由重というと、私は岩波新書の『思想とはなにか』が印象深い。

佐藤　古在さんの『哲学研究入門』は、唯物論哲学の立場なんですが、やっぱりインテレクチャリズム、教養主義がきちんとしていますから、しっかりと細部まで目配りが効いてますよね。今でもお薦めですよ。

ヘーゲルか、カントか

佐高　古在と丸山眞男が対談をした『暗き時代の抵抗者たち』という本があります。そこで古在は、ここは佐藤さんと考えが違うかもしれないけど、「カントとヘーゲルと言ったらカントの立場に立つ」といってるんです。それが私にとって、ずっと尾を引いている。

佐藤　古在さんが良心的な人であることがここでも表れています。共産党員でありながらカントの側に立つということは、相当に勇気がいるわけです。カントの考え方は不可知論だから、絶対に正しいものはないということになってしまいます。誰かが絶対に正しいと思っているものはあっても、客観的に絶対に正しいものはない。理想の世界に近いものに向かって進んでいく運動はあるけれども、理想社会はできないことになっちゃいますから。

佐高　つまり、永遠の批判だよね。

佐藤　そう、永遠の批判で、統整的理念でそれに近づいていくことになりますから。

佐高　価値、理想と現実は一致しないという立場ですね。

佐藤　ヘーゲルは知らないうちに一致している。本人は意識してないかもしれないけど、やっぱりお前のやってることは歴史の流れの中で合致してるんだ、というかたちになります。

佐高　だから、ある種、丸山の誘導尋問かもしれないですね。自分に引きつけるために、「どっちですか」みたいな話をしたのかもしれない。

京都学派が残したもの

佐藤　ヘーゲルに関してはねじれがあるんですよね。哲学で田辺元《たなべはじめ》や西田幾太郎を中心とした京都学派は、知識人として戦争に協力をした。そのときにヘーゲルが使われたと非難されています。しかしそこには二重の意味があるんですよ。

ヘーゲルはドイツの国家主義哲学だったけれども、ヘーゲルに仮託してマルクスを語っている人たちがけっこういたんですね。つまり、その二重の意味でヘーゲルの時代だったんです。ところが戦後、戦争協力につながった弁証法という考え方を断罪しないといけないといって、カントの時代になった。ところが全共闘あたりになると、またヘーゲルが入ってくる。

全共闘の連中が、京都学派が中心となって主張していた近代の超克について再びいい始めたとき、和田洋一先生やその世代の知識人は、眉《まゆ》をしかめたでしょう。また全体主義が戻ってくるな、と。

佐高　つまり、ようやく退治して沈めたのに、それがまた復活してくる、みたいな。高山岩男とか……。

佐藤　高山岩男先生は戦争協力者として、戦後は公職追放されていますからね。でも、抜群に頭がよかった。高山さんや、同じ京都学派で高山さんとともに四天王と呼ばれていた高坂正顕《こうさかまさあき》先生は、むしろどんどん通俗化したかたちで、松下政経塾のイデオローグみたいになってくるでしょう。ただ、いずれにしてもそのへんは、無害なほうですよ。

猿研究なんかが集まっている今西錦司先生の発想も京都学派ですが、京都学派でもっとも危険なのは、田辺元ですね。田辺元の思想を中沢新一が集英社から出した『フィロソフィア・ヤポニカ』で現代によみがえらせたでしょう。今は講談社学術文庫に入っています。密かに危ない流れがよみがえりつつあるのかもしれない。もっとも私は田辺にかなり惹かれるところがあります。実は今、ある若い政治家に、田辺元の『哲学入門』を使って哲学を教えているんですけどね。

佐高 田辺元は一応、久野先生の先生筋だよね。

佐藤 はい。ただし、田辺元の持っていた合理主義的な部分を継承していて、種の理論とか、そっちの方向じゃないですよね。

佐高 ええ。でも、田辺の、類・種・個っていうの？　人類、種族、個人。

佐藤 種が主体になるんですよね。種から個が生まれてくる。

佐高 その論理で私はいつも村上春樹を批判するんです。個と類をいきなりつなげるなってね。間の種が飛ばされてるだろうって。

秀逸な長谷川宏のヘーゲル訳

佐高 ところで佐藤さんは、ヘーゲルはいつ頃から？

佐藤 大学の頃によく読みましたね。今も高い金出してアカデミー版の『ヘーゲル全集』の既刊分を全部買っています。ヘーゲルは好きですね。今度、邦訳では作品社から「大論理学」

（『ヘーゲル論理の学』）の新しい訳が出ました。
佐高　誰が訳しているの？　長谷川宏？
佐藤　その後の山口祐弘さんの訳です。長谷川宏訳は、自由訳なんですよ。たとえば、人倫という言葉は一ヵ所も出てこない。これが長谷川宏訳のヘーゲルの特徴なんですね。Sittlichkeitというドイツ語を日本語で、「人倫」なんて訳されたってわからないじゃないかと。だから、「家族」とか「学校」とか「教会」とか、それぞれのコンテクストの中でSittlichkeitは何を意味するのかというふうにして訳すんですすよね。
佐高　日本って、ああやって大学も辞めてしまったような長谷川宏のような人が生きていける社会なのか。
佐藤　長谷川宏さんは学習塾の先生として優秀なんです。赤門塾という進学塾を作って、そっちで自分の飯はきちんと食えるようにして、ヘーゲル研究を続けたんです。そうしたら、これは面白いといってみんながついてきたわけです。
　それから彼の場合は、全共闘運動のとき、すでに助手でしたよね。だから、勉強している最後の世代なんです。全共闘のときにゲバ棒振るってた学生たちは、勉強してないからドイツ語ができなくて、ヘーゲルとかいう話はないいんですよ。

佐高　文化大革命と一緒だね。

佐藤　そう。長谷川宏さんの場合は、その時点でもう教職の入り口の助手ですから。そこのベーシックがあるところが違うわけです。だから食っていけたんです。

佐高　佐藤さんは知っている？

佐藤　個人的にはまったく知らないです。書いているものはほとんど読んでますが。

あの人を見ると思うんだけれども、人は本当に好きなことをやっていれば絶対に食っていけるし、その本を出すことはできるし、その分野で認知されるという一つの例ですよね。ただ、中途半端に好きではダメで、本当に好きなことをやっていないといけませんが。

日本・日本人を読む、必読ブックリスト

『現代政治の思想と行動』	丸山眞男	未来社
『灰色のユーモア―私の昭和史ノオト』	和田洋一	理論社
『わたしの始末書―キリスト教・革命・戦争』	和田洋一	日本基督教団出版局
『「甘やかされた」朝鮮―金日成主義と日本』	和田洋一／林誠宏	三一書房
『忠誠と反逆』	丸山眞男	ちくま学芸文庫
『新編 日本古典文学全集 古事記』		小学館
『日本の思想』	丸山眞男	岩波新書
『日本資本主義発達史講座』		岩波書店
『葦津珍彦選集』	葦津珍彦選集編集委員会編	神社新報社
『知らないと恥をかく世界の大問題』	池上彰	角川SSC新書
『丸山眞男の時代―大学・知識人・ジャーナリズム』	竹内洋	中公新書
『保守論壇亡国論』	山崎行太郎	ケイアンドケイプレス
『小林秀雄とベルクソン―「感想」を読む』	山崎行太郎	彩流社
『戦後日本の思想』	久野収／鶴見俊輔／藤田省三	岩波現代文庫
『現代日本の思想―その五つの渦』	久野収／鶴見俊輔	岩波新書
『学ぶということ』	向坂逸郎	文藝春秋新社
『わが生涯の闘い』	向坂逸郎	文藝春秋
『にんじん』	ルナール	ポプラ社
『死者・生者―日蓮認識への発想と視点』	上原専禄	未来社
『西郷隆盛伝説』	佐高信	角川文庫
『岩波講座 世界歴史』（第一版）		岩波書店
『岩波講座 世界歴史』（第二版）		岩波書店
『古代社会経済史―古代農業事情』	ウェーバー	東洋経済新報社
『帝国主義の時代』	江口朴郎	岩波書店
『帝国主義と民族』	江口朴郎	東大学術叢書
『歴史と民族の発見―歴史学の課題と方法』	石母田正	平凡社ライブラリー
『三浦梅園の哲学』	三枝博音	第一書房
『ヘーゲル・大論理学』	三枝博音／野崎茂編	こぶし書房
『マルクス＝エンゲルス全集』	大内兵衛他	大月書店
『反デューリング論』	エンゲルス	新日本出版社

書名	著者	出版社
『マルクス・エンゲルス選集』		新潮社
『都市の論理』	羽仁五郎	講談社文庫
『職業としての編集者』	吉野源三郎	岩波新書
『活字にならなかった話―速記五十年』	福岡隆	筑摩書房
『ミケルアンヂェロ』	羽仁五郎	岩波新書
『小説三井物産』	小島直記	講談社文庫
『マテオ・ファルコーネ』	メリメ	角川文庫
『日本イデオロギー論』	戸坂潤	岩波文庫
『大学という病―東大紛擾と教授群像』	竹内洋	中公文庫
『唯物弁証法読本』	大森義太郎	社会主義協会出版局
『まてりありすむす・みりたんす』	大森義太郎	中央公論社
『昭和唯物論史』	舩山信一	福村出版
『蓑田胸喜全集』	竹内洋編	柏書房
『革新幻想の戦後史』	竹内洋	中央公論新社
『メディアと知識人―清水幾太郎の覇権と忘却』	竹内洋	中央公論新社
『ドイッチェ・イデオロギー』	マルクス／三木清訳	岩波文庫
『ドイツ・イデオロギー』	マルクス／古在由重訳	岩波文庫
『ドイツ・イデオロギー』	マルクス／廣松渉編訳	岩波文庫
『思想とはなにか』	古在由重	岩波新書
『哲学研究入門』	古在由重／山崎正一／暉峻凌三共編	東京大学出版会
『暗き時代の抵抗者たち―対談古在由重・丸山眞男』	古在由重著／丸山眞男述／太田哲男編	同時代社
『フィロソフィア・ヤポニカ』	中沢新一	講談社学術文庫
『哲学入門』	田辺元	筑摩書房
『大論理学』	ヘーゲル／武市建人訳	岩波書店
『論理学』	ヘーゲル／長谷川宏訳	作品社
『ヘーゲル論理の学』	ヘーゲル／山口祐弘訳	作品社
『精神現象学』	ヘーゲル／樫山欽四郎訳	平凡社ライブラリー

※本文中には紹介されていませんがお薦めです
■…佐高信セレクト
■…佐藤優セレクト

第七章　文学・評伝・文芸批評

学生時代の読書について

佐高　佐藤さんは石坂洋次郎は読みますか？

佐藤　読みます。『若い人』などいいですよね。この本はやはり非常に重要で、刊行された昭和一二年当時というのは、マルクス主義関係の文献はもう出せなかったから、この小説にはちょっと左翼の匂いがあるので、そこに惹かれた人も多かったのだと思います。確か向坂逸郎の回想録で、改造社社長の山本……。

佐高　実彦《さねひこ》。

佐藤　向坂が人民戦線事件で逮捕されているときに、奥さんが山本実彦のところに、掲載中止になった原稿の稿料をもらいにいくと、快く金を払ってくれた。そのとき実彦の弟の重彦が「あなたの御主人も、つまらん考えをもたんで、こんな本でも書くようにしたら、うんとお金になるのに！」といって『若い人』を指差したという話がありました。

佐高　石坂も慶應出身ですが、私の学生時代、慶應に中村菊男という政治学者がいました。民主社会主義を唱えて、最初の頃の民主社会党のブレーンも務めた。この人が星亨《ほしとおる》のことを書いているんです。『星亨』という本で、私が『平民宰相　原敬伝説』を書くときに資料として読んだ。星亭については鈴木武史という人の『星亭―藩閥政治を揺がした男』というのもあるんだけど、中村菊男のほうが圧倒的に面白かったですね。何というか人間の匂いがするんです。

佐藤　前章で触れた、竹内洋先生にもそういう魅力があります。

佐高　そういえばこれも大学時代、寮の兄貴分に門脇厚司という人がいたんです。のちに筑波大の教授になりました。専門は教育社会学です。その人が教育社会学会の会長をやっていたんだけど、自分のあとを竹内洋に譲ったんですね。そういうつながりもある。

竹内さんも京都大学ですが、社会学は京都が面白いですね。

佐藤　社会学というのは歴史や哲学を無視するところが面白いんですが、京都の社会学のほうが、まだほんわかしています。東京の社会学者は変な方向で政治に参加したがる人が多い。

佐高　京都といえば社会学者で井上俊《しゅん》という人がいるでしょう。大阪大学の教授だった人。この人は作田啓一の弟子で、『死にがいの喪失』などという本を出したんです。「生きがい」だけでなく、「死にがい」を考えることも必要なのではというクールな視点を出した。

佐藤　はい、知っています。

佐高　井上さんは門脇さんとほぼ同年で、当時よく読まされたものです。でもその後はあまり書かなくなった。

佐藤　京都にはそういう人がいるんです。たとえば哲学者で京都学芸大の学長も務めた山内得立《やまうちとくりゅう》なんかも実力があるのにほとんど本を書かなかった。山内の『随眠の哲学』は、実に優れた思想書です。

佐高　井上俊さんとは手紙のやり取りなんかもしていて、一時本を送っていたこともあるんです。私が「思想の科学」に「マジメ主義批判」を書いたときに、「マジメ主義批判のマジメ主義化を警戒せよ」といわれて「うーん」と唸った。

現代風俗研究会（現風研）というのがあって、鶴見俊輔とか橋本峰雄がメンバーなんだけど、井上さんが事務局長をやっていたんですよ。鶴見俊輔という人は、佐藤さんはあまり読まない？

佐藤　あまり好きになれません。何だかずるっこい感じがするんです。読んでいてナマコみたいなタイプだなと。あと文章を読んでも印象に残らない。

鶴見さんの作品の中で、佐高さんは何が一番面白いと思いますか。

佐高　『誤解する権利』とか。ただ佐藤さんのいうのはわかる気がする。私も鶴見はあんまりね。時流をつかむのはうまいけど、思い切ったことはできないかもしれない。

丸山眞男が鶴見さんと対談したときに、「あなたは何でもイラハイ、イラハイの『イラハイ主義』だ」といっている。

佐藤　彼の中で唯一、強く印象に残っていていい作品だなと思うのは、講演記録なんだけど、『内ゲバの論理　テロリズムとは何か』という本の中に収録されています。鶴見さんのほか埴《はに》谷雄高《やゆたか》や高橋和巳が政治と暴力について語っています。

この中で鶴見俊輔さんは次のような自分の体験談から、内ゲバはどういうときに起こるかということを考察しています。

戦争が始まって、アメリカに留学していた知識人たちが日米交換船で日本に返されます。鶴見さんもその一員でした。

アフリカで日本船に乗り換えたところで日本海軍の情報将校が日本の事情について講演した。そのときアメリカから帰国する一人の女性留学生が、情報将校に「アメリカではクェーカーがいまして、良心的徴兵忌避をしていますが、こういう運動について日本に帰ってから話していいでしょうか」と聞いたんです。たぶんのちに国際基督教大学の教授になる武田清子さんだと思います。

その質問を聞いた年輩の人が、「今こういう時局にそんなことといっていいと思うのですか。ほかにもだれかそんなこと考えている人いるのですか、言いなさい」と迎合的な発言をした。情報将校がいなくなった後、何と今度はその人を、日本人牧師が詰問し、バーンと殴った。
それで牧師というのは人を殴ることがあるのか、そこでびっくりしたけれど、あれがまさにリンチの雰囲気だと。狭い集団の中において誰かが裏切る、裏切らないという話だと鶴見さんが回顧しているんです。

佐高　鶴見俊輔に『北米体験再考』というのがあるんですよ。その中にも書かれている話かもしれない。

佐藤　要するに鶴見さんは、内ゲバを阻止するためには外部の目が必要なんだということをいっていたと思います。
ただ私が鶴見さんあるいは高橋和巳なんかもそうなんだけれども、彼らを評価できると思うのは、あの内ゲバの状況に置かれたら下手なことをいうと巻き込まれることがあるわけですよ。その状況の中にいて「やめろ」ということをいえた知識人というのは、あの時代・あの状況下で本物だったと思うんです。

佐高　久野収や埴谷雄高もそう訴えましたね。
ところで佐藤さん、加藤周一はどうなの？

佐藤　加藤周一さんには、彼が編集した『日本人の死生観』という本が上下巻であります。これが好きなのと、あと私が中学生のときにカッパ・ブックスから出ていた『読書術』を読んで非常に強い影響を受けたんです。特に、文学書は翻訳で読め、原語主義に立つなという考え方です。原語で読まないといけないというものは翻訳のないものです。翻訳がどれほど大変な作業なのかということを考えれば、これは当然のアプローチです。この本、今は岩波現代文庫に入っているんです。

佐高　ああそう。

佐藤　ということは、当時一九七〇年代のカッパ・ブックスは、現在の岩波現代文庫の水準であるということですね。

佐高　それを堕落というか進歩というかですね。

佐藤　間違いなく進歩です。

小説を読まない左翼

佐高　佐藤さんがどこかでいってたけど、小説を読まない左翼が共産党なんだよね。

佐藤　そう思います。佐高さんの世代だと、やっぱり共産党というのは一つの大きな山だったはずなんですが、佐高さんは共産党をまったく素通りして、倉橋由美子の『パルタイ』なんかを面白いと思ったんじゃないですか。
佐高　性については奥手なほうだったから（笑）、倉橋はダメだったですね。
佐藤　でも読んで怒って引きちぎる、感じじゃなかったでしょ。おそらく反党文献だし、「党を揶揄《やゆ》してる」とかいって、本当に佐高さんの世代だったら『パルタイ』を読んで、逆立ちして怒った人たちがいると思うんですよ。
佐高　確かに彼らは小説をあまり読まない。ただ官能小説は読んだかな（笑）。
佐藤　ひと昔前だと、川上宗薫《そうくん》とかね。川上宗薫なんて、もう読まれなくなりましたね。プロテスタントの牧師の息子です。ガンで亡くなられた。
佐高　宇能鴻一郎《うのこういちろう》とかいましたね。
佐藤　宇能鴻一郎はまだ健在ですね。
佐高　川上宗薫とか宇能鴻一郎もやっぱり、渡辺淳一に席巻されていったんでしょう。渡辺淳一は、よく日経に連載していましたよね。
佐藤　やっぱり日経新聞を読んでいるようなビジネスマンというのは、そういうのが好きだということですね（笑）。あるいは全然読まないんですかね？
佐高　あれは専務とか社長が読むんですよ。それこそ問題にならない程度に、渡辺淳一と同じことをやりたいと思うわけですね。その予行演習みたいなもの。
佐藤　渡辺淳一に関しては『阿寒に果つ』がいいと思いますよ。
佐高　そう、あれはいい。
佐藤　一つの出来事をいくつかの側面で見ている。第二章で紹介した角田光代さんの『空中庭園』と同じ手法。
佐高　あと渡辺淳一は伝記小説が面白いですよね。野口英世のことを書いた『遠き落日』とか、あるいは癌《がん》で亡くなった歌人中城《なかじょう》ふみ子のことを書いた『冬の花火』とか。
佐藤　多才な人であることは間違いないし、文章がうまいですよね。それから医学知識を生かしたもので不妊治療のことを扱った『夜に忍びこむもの』もよかった。
　彼のうまいところは「頭出し」なんですよね。先につながるような話を、ちょこちょこっとうまく出しておくという。
佐高　『無影燈』も医者である彼ならではの作品。それから心臓移植の話を書いた『白い宴』。
佐藤　日本初の心臓移植として世を騒がせた和田心臓移植事件の話ですよね。
佐高　そうです。和田心臓移植を実施した医師は札幌医大の和田寿郎《じゅろう》ですが、当時、渡辺淳一も札幌医大にいたんですね。それで取材してあれを書いた。

佐藤　和田心臓移植はドナーとレシピエントが両方死亡したことで世間の非難を浴びたけれど、大学病院の内情について、札幌医大の講師だった渡辺さんが小説にしたということは、当時の基準ではとても勇気のいることで、非常に珍しい作品じゃないですかね。

佐高　しかし医者というのは、それこそ諜報活動をやろうとしたらすごいことになりますね。いろんなことを知り得る立場ですからね。

佐藤　今でも医者が諜報活動の一端を担っています。たとえばモスクワに駐在する主要国の大使館には医務官がいて、その医務官たちはプーチン大統領をはじめとする要人の健康状態を判断するのも重要な仕事のわけです。また、国によっては生物兵器に詳しい軍医を大使館の医務官として派遣したりする。医師にインテリジェンス活動をさせるということを大抵の国はやっています。

佐高　田中角栄が入院したときは、確か創価学会員の病院関係者を通じて世間に漏れたんですよね。

偉人のイメージを変える評伝

佐藤　医者に関しては、歯医者さんも外科医もそうなんですけれど、偏差値がいくら高くたって不器用な医者のところにはぜったいに行かないですよね。その意味では実力本位なんですよ。
佐高　なるほど。
佐藤　そうすると腕のよい医者は、いくら口が軽くてもいくら性格が捻《ね》じ曲がっていてもリストラとかできないんですよ。
佐高　さきの天皇の心臓手術を執刀した天《あま》野篤《あつし》さんなんかも、決して東大卒のエリートではないけれども、腕はすごい。失敗したことがない。だから天皇の執刀医に選ばれたわけでしょう。
佐藤　医学の歴史で非常に重要なことは、外科と内科が歴史的にまったく違う世界だったということですよね。投薬などで内側から対処するのはヒポクラテス以来の医者の仕事だけども、外側から外科的な処置をするというのは、実は割礼師とか理容師の仲間ですよね。
佐高　理容師というと床屋さんですか?
佐藤　そう。だから理髪店の看板は赤と青がクルクルまわるサインポールです。あれは赤は動脈、青は静脈を表している。中世ヨーロッパでは理容師が外科医を兼ねていたんです。
　今のように外科のステータスが高くなったというのは、戦後だと思いますよ。そして外科の発達というのは、おそらく戦争が広汎になっていくことと関係していたと思うんですよ。戦争で負傷者が多く出ればその分外科医が必要になるわけですから。それで外科医のウェートが、すごく上がるわけですよ。

よく勘違いされるのは、戦時における医療支援は人道的なものだから構わないというもの。でもこれは軍事的な発想からすると全然違うわけですよね。医療でケガをなおすことで戦闘員として復帰できる可能性があるわけですよね。それだから医療行為というのは、戦闘行為そのものですよ。

佐高　それを考えたらナイチンゲールも違って見えてくるね。

佐藤　ナイチンゲールに関しては、本当はどういう人だったのか、いろんな議論がありますよね。岩波文庫から出ているリットン・ストレイチーの『ナイティンゲール伝』がけっこう面白いですよね。

佐高　それによるとどういう人だったんですか？

佐藤　非常に自己顕示欲と上昇志向が強い人と。

佐高　なるほどね。

佐藤　それから彼女はイギリスの軍事作戦を遂行する役割をきっちり担っていたんですね。

佐高　そういえば日本で絶大な人気のある伝説的な人物で、アラビアのロレンスというのがいるでしょう。あれも実際はいかがわしいね。

佐藤　あれも詐欺師みたいなものです。ロレンスのアラビア語というのは相当いいかげんで、何をいっているかよくわからなかったらしいです。
　岩波新書の『アラビアのロレンス』は中野好夫の評伝が見事でした。ロレンスの自叙伝に『知恵の七柱』というのがあるんだけど、神がかりみたいな内容で面白いですよ。イスラム研究者の山内昌之先生は、ロレンスからかなり影響を受けているんじゃないですかね。
佐高　なるほど。A級戦犯になった土肥原賢二《どいはらけんじ》を日本のロレンスと評する声があるけれど、あれは違うよね。
佐藤　似ているところもありますし、違うところもありますよね。
佐高　何か男の人のほうが好きだという……。
佐藤　それはたくさんいますよね。そのへんでは最近出た『ケインズかハイエクか』という比較評伝、あれはよい本ですよ。ケインズがホモ・セクシャルだったというエピソードも出てきます。

文芸批評の楽しみ

佐高　佐藤さんは江藤淳も好きじゃないでしょう?

佐藤　ほとんど読みません。そもそも私は文芸批評というジャンルがダメなんです。江藤淳もどこが素晴らしいのかまったくわからない。加藤典洋とか小林秀雄も全然わからない。

佐高　私は今でも江藤淳にはハマっていますね。講談社版の著作集も持っていますし、思想的立場は違っても、なかなか〝卒業〟できない。

佐藤　すみません。私の感覚がずれているんだと思います。

佐高　江藤淳が面白いと思うのは、彼の人の斬り方は一流だからですよ。彼が『夏目漱石論』を書いたのは二〇歳そこそこだったと知って愕然《がくぜん》とした。

あと『成熟と喪失―〝母〟の崩壊』というのがあるんです。あれなんかよかった。上野千鶴子が解説を書いている。

佐藤　いい機会なので読んでみます。こうやって読むものを広げていかないといけないので。しかし江藤淳って、何かすごい吸引力があるみたいですね。

佐高　まあ、癖になりますね。

佐藤　ある意味では、柄谷行人さんなんかと一緒なんですね。チーズでいったらブルーチーズみたいな系統で、癖が強くて、最初はみんな寄りつかないんだけれども、食い始めるとなかなかうまいから癖になっちゃうって、こういうタイプですね。

佐高　江藤は陰険さにおいては、この上ないかもしれない。『批評と私』で「中央公論」の編集長だった粕谷一希《かすやかずき》を批判した文章なんかすごい辛辣です。

佐藤　「ユダの季節」ですね。「『評論家』粕谷一希氏は、果して評論家なのか、編集者なのか。あるいはまた、評論家でも編集者でもあり、かつ評論家でもなければ編集者でもないという、いわば新種の論壇・文壇棲息者なのか？」と書いています。

佐高　あそこまで書かれて、書かれたほうはよく生きていられるなと思うぐらいすごい。

外交官の実像を読む

佐高　佐藤さんね、文芸評論家で面白い話があって、清水一行さんが『首都圏銀行』という小説を書いたでしょう。その中で役員が自分の再任を願って頭取の家に行って土下座するという話があるんですよね。

その部分をある高名な文芸評論家が「土下座なんてそんなことは現実社会ではあり得ない。荒唐無稽なことを書いている」と批判したんですよ。清水さんは頭に来たそうですけども。

佐藤　外務省時代、政治家の先生に土下座する輩を私は何度も目の前で見ましたよ。

佐高　よくある話ですよね。

佐藤　土下座なんて日本の文化体系の中で、お願いするときのごく普通の形態ですからね。

佐高　文芸評論家とか純文学系の人たちが、現実をいかに知らないかという話ですね。

佐藤　鈴木宗男先生の前で「先生の前で隠すものは何もありません」といって素っ裸になって、オチンチンを股に挟んで山本リンダの「困っちゃうナ」を歌う国会議員とかね。あと「おい、おれの玉洗い酒を飲め」とかいって、自分の金玉を洗った酒を後輩に飲ませたと威張っていた偉いジャーナリストとかもいた。そういうのは珍しくも何ともない話です。

佐高　出世のためには何でもするんだよ、それはね。

佐藤　だって官僚の職業的良心は、出世することですよ。私は外務省にいたからこれが普通のことだと思っていたけれど、やっぱり他省庁はそこまではないんですね。

佐高　それは深度と強度の問題ですね。

佐藤　密度と強度。だから外務省時代の話をそのまま書いたら、ほとんど脚色しなくてもポルノ小説として成立します。あと外務省では犯罪小説も読む必要がないですね。毎日が犯罪みたいなものですからね。

佐高　そうですか。

佐藤　何で今までこんなすごい世界のことを書く人がいなかったのかと思ったら、外務省の先輩で書いておられる方がいるんですよ。高柳芳夫さんという人です。

佐高　ああ、私、会ったことがありますよ。

佐藤　外交官から作家になって、『影を裁く日』、『日本大使館殺人事件簿』などの著作があります。学生時代に読んだときは、すごい構想力だと思ったのですが、内容は大使館で日常的に起こることをちょっとデフォルメしただけの話なんですね。

佐高　ご存命？

佐藤　存命です。八〇歳ちょっとぐらいです。外務省に入ったとき、彼の書いたものは読まないようにと回状が参りました。

佐高　彼は経済小説の範疇《はんちゅう》に入ってくるんですよ。組織小説ですから。私、以前に外務官僚論でインタビューしたことがあります。

佐藤　彼のデビュー作は『禿鷹城《ガイエスブルク》の惨劇』という本です。

佐高　禿鷹城？

佐藤　禿鷹城というのは城の名前です。高柳さんの小説には国会議員の便宜供与とかが出てくる。それにドイツ人の売春婦に「小便をかけてくれ」といって暴れる国会議員の話が出てくるんですけども。私が知っている中でも実際にそういう類の趣味を持った大使がいましたからね。

高柳さんは暴露小説を書いたんで外務研修所に左遷されたんです。そこで時間の余裕ができたので密室の研究をして次の作品につなげた。たいしたものです。結局、外務省を辞め、大学の先生に転出する。

その後一番話題になったのが、今いった『影を裁く日』という小説なんです。これはサミットのあとの打ち上げで、おそらくニューオータニと思われるホテルで、欧州局長がアイスピックで刺されて死んでいるわけなんですよ。以前、西ドイツの日本大使館に出向していた青森県警本部長も殺される。それがどうしてかというのが解き明かされていくというもの。

佐高　『プラハからの道化たち』で江戸川乱歩賞を取って、一時期、かなり売れた人なんですよね。佐藤さんはこの高柳さんに会ったことはないわけですか?

佐藤　ないです。私が入ったときはもう辞められていましたし。

佐高　確か京大ですよね?

佐藤　そうです。京大で、しかも大学院を修了してノンキャリアで入ったんです。ドイツ語が抜群にできる人で、外務省を辞めたあとは桐朋学園大学の教授になりました。この『影を裁く日』というのは、復刻してもよい本だと思います。外務省の素顔が実によく描かれている。

佐高　なるほど。

佐藤　帯には「外務省はこういうところだ、局長は殺されないように注意したほうがよいよ」とか（笑）。

路上生活者の文学

佐藤　ちょっとアウトローな分野も語ってみたいと思うんですけれども、辻潤《つじじゅん》は重要だと思うんです。

佐高　辻潤ね。ダダイストですね。

佐藤　大杉栄に伊藤野枝《のえ》を寝取られてしまう、だらしのない男ということになるんだけども。知人と公害事件で有名な足尾銅山事件の話をしているときに、憤慨する伊藤野枝の横で、辻潤が横でヘラヘラして聞いていて、何の知識もなく自分の子どもの世話さえ満足にできない女が何を言うかというような態度でからかった。それで伊藤野枝は愛想をつかしてしまったという。

　彼は女学校で教員をしているときに、生徒である伊藤とふしだらな関係を持ったということで学校の先生も辞めてしまって、あとは尺八を吹いて物乞いをやっていたわけですよね。最後は戦時中にアパートで食う物がなくなって餓死してしまいますよね。

佐高　その息子が詩人で画家の辻まことで、辻まことの話は西木正明さんが書いているんですね。『夢幻の山旅』という評伝風のもの。それも面白い本でしたけどね。
佐藤　あんまりメジャーじゃないんだけど、高木護という詩人がいるでしょう。彼が辻潤の評伝を書いていますよね。
佐高　たいまつ新書の『辻潤「個」に生きる』ね。
佐藤　あれはすごいよかったです。ちょうど私が浪人のときに読んだので、非常に共感した記憶があるんですよ。
佐高　高木護はね、『現住所は空の下』とかね。
佐藤　本物の放浪の路上生活者ですものね。
佐高　そう、そう。妙に濃いファンがいる。私もその一人ですけどもね。
佐藤　戦争に対して、高木さんのような人がもっとも抵抗できるんです。自由主義を徹底的に詰めていくとアナーキズムになります。民主主義者とか社会主義者というのは、いざ国家翼賛《よくさん》体制になったときには意外とそっちに協力する。民意にかなうとか、社会のためにとかいって。
　そこをうるさい、おれに触るなといえる人、難しいことはよくわからないがおれのことはほっといてくれと、こういう感じの人たちは徹底的に闘えます。高木さんはまさにこういう人で、あえて政治的に分類するとアナーキストになると思います。

佐高　社会なんか知らないよと。こういう人たちが住める、生息できる世の中でないといけない。
佐藤　そう思います。愚かなことをする権利、「愚行権」をちゃんと認めることができるかどうかということなんですよ。

キリスト教作家としての遠藤周作

佐藤　佐高さんは遠藤周作はどうですか？
佐高　あれは本当にいい。転び伴天連《ばてれん》の話も書いていた。
佐藤　彼は転び伴天連の話は何度か書いているんだけれど、『沈黙』は傑作だと思います。『沈黙』のあと二〇年近くたってから、『侍』といって支倉《はせくら》の……。
佐高　慶長遣欧使節の支倉常長《つねなが》。
佐藤　常長のあのことをモデルにした話で、ここに出てくる伴天連は転ばずに最後は火あぶりになってしまうんですよね。同じテーマをもう一つの見方、裏側から描くということで、やっぱり徹底して一つのテーマに挑んでいますよね。
佐高　城山三郎さんに『望郷のとき』という小説があるんです。支倉常長と一緒に太平洋を渡っていって、ちゃんと帰ってくるつもりだったのがメキシコに置き去りにされた人たちの物語です。この城山さんの小説は、忘れられてるけど名作なんです。

佐藤　読んでいません。近いうちに必ず読みます。なぜか支倉の使節団の話は、日本人の心を打つんですね。遠藤周作の『侍』は、もしかしたら、影響を受けているのかもしれませんね。それから、遠藤周作というのは、自分があまりにもクリスチャンでよき作家みたいなイメージがあったがために、本人はそこを脱構築したかったんでしょうね。晩年に『スキャンダル』という小説を書いているんです。

主人公は真面目に生活をしているキリスト教作家なんだけど、主人公によく似た男が歌舞伎町あたりをウロウロしているという噂《うわさ》が流れる。それはもう一人の自分で、彼を通して自分の内面にある悪や性的欲求を見つめ直すというもので、遠藤周作にしては異質な作品なんです。

佐高　そうね。

佐藤　遠藤周作は、やっぱりキリスト教作家の中で傑出しているんじゃないですかね。それからあと、遠藤さんは神学的なものをよく読みこんでいる。だから、私は彼の『おバカさん』とか、いわゆるユーモア小説系はあまり好きじゃないんです。

私が遠藤周作でいいと思うのは、不倫を扱った小説で、『父親』です。化粧品会社の重役を父に持つ娘はだらしのない男と不倫生活に入っちゃうんです。軌道がはずれてしまったときの人間の姿を描いた、すごくいい小説なんです。特にその娘の不倫相手のだらしのない男。奥さんと別れるといいながら、いつまでも別れられない、そういうだらしのない男を描くのが非常にうまいと思います。

佐高　「それでも許すのか」という問いかけですかね。

佐藤　そうです。少し前ですけど、「週刊新潮」に周作の息子の遠藤龍之介さんが父親の話を語っていて、面白かったんです。

遠藤家では二階に書斎があって、お父さんの周作はそこで原稿を書くんだけど、疲れると時々一階に下りてくる。それで「お父さんは今、絵を描いたからな」といって龍之介さんに家の絵を見せるんだって。「ここにおうちがあります。お父さんとお母さんとタロウ君がいます。龍之介と一緒だね」と。龍之介さんは一人息子なんです。「お父さんとお母さんは出かけました。そのときに火事が起きました。そこでバーッと火が広がって、タロウ君は逃げ出せません。お父さんもお母さんも助けに来ませんでした。タロウ君は死んでしまいました」。

そうしたら、遠藤龍之介さんがワーッと泣いちゃうんだって。そうするとお父さんはニコッと笑って、それで仕事場へ戻っていくと。

佐高　ほう。

佐藤　イライラしていたんだろうというんです。それでちょっと子どもをいじめてからかってやろうと思った。そういうことがしょっちゅうあったそうです。

それと、催眠術をどこかで習ってきて家族にかけるんだけど、かかったフリをしないと機嫌が悪い。しょうがないから催眠術にかかったフリをしていると、どんなに重いものが落ちても大丈夫だといって、お腹の上にテレビを落とされたっていうんです。

佐高　まさに「こりゃ、あかんわ（狐狸庵閑話）」だね。

佐藤　変人だったんですね。灘《なだ》中時代は佐藤愛子なんかと知り合いだったらしいけど、そばにいると臭うから「そばプン」といわれて嫌がられていたらしいです。

「美人作家」といってはいけない

佐高　佐藤愛子も元気なおばちゃんだよね。私は、一時期あの人のエッセイを愛読してましたけどね。娘と私シリーズとか。

佐藤　書いてましたね、昔。

佐高　最初『ソクラテスの妻』で芥川賞候補になって話題になった。「世にソクラテスの妻は多ければど、げにソクラテスのなきをいかんせん」という述懐が見事だなあと思って。一回対談したことがあります。
佐藤　どんな人でした？
佐高　豪快な人ですよ。
佐藤　遠藤周作が佐藤愛子さんを怒らせたって書いてましたね。
佐高　あれはまた余計なちょっかい出したからでしょう。だって一応昔は美人作家だからね。野球の別当薫《べっとうかおる》が彼女の女学生時代の憧れだったとか。
佐藤　美人作家というのは、作家という母《ぼ》集団の中での美人という意味ですよね。
佐高　ははは。
佐藤　私は昔、米原万里《よねはらまり》さんに、「米原さんは美人作家ですから」といって、えらい怒られたことがあるんです。「美人作家というのは作家という母集団の中での美人ということでしょう。作家は美しいかどうかという能力は問われない世界なのよ。よく聞きなさい、私は美人作家じゃなくて美人なのよ」といって。
佐高　なるほど。
佐藤　人間全体の母集団の枠で考えなさいと米原さんから厳しく指導されました。それから気づいてみると、確かに青年誌の特集で出てくる美人自衛官とか、元美人警察官とかいっても、そのほとんどの仕事というのが、美人であるということが要請されていない母集団の中の美人という話だから。

佐高　うーん、「おれはここではあえて沈黙を守った」と書いておいて（笑）。っていうのは私はね、曽野綾子を「美人作家ではない。美人でしかない作家」とやって怒られたんだ（笑）。そのあと対談の話が持ち上がったけど、断られた。今まで対談を断られたのが二人いて、もう一人は忘れちゃったけど、一人は曽野綾子。

佐藤　曽野綾子さんが神学やキリスト教思想について書いたものを読んだ範囲では、彼女がクリスチャンだったら、私はキリスト教徒じゃないですね。

佐高　あははは。

佐藤　彼女が書いてることがキリスト教に何の関係があるのか全然わからないんです。もっともカトリックの人にはわかるのかもしれない。

佐高　でも、曽野綾子ファンって多いよね。

佐藤　曽野綾子さん、上坂冬子さん、櫻井よしこさんと、そういう〝市場〟がありますからね。

佐高　ブルーチーズ的市場ですね（笑）。

ところで、『孤高の人』という本があって、これも抜群に面白いんです。新田次郎の『孤高の人』ではなくて、瀬戸内寂聴《じゃくちょう》が書いている。宮本百合子とレズビアンの関係だった湯浅芳子（ロシア文学者）のことを書いたんだけども、宮本顕治が百合子を寝取る話。
これは共産党が一番隠したい話だと思いますよ。湯浅芳子が予定よりちょっと早く家に帰ったら、宮本顕治が上がり込んでいた。「この泥棒猫が！」と湯浅芳子に怒鳴られて、宮本顕治が靴を持って裸足で逃げるという話が出てくる。
佐藤　私も佐高さんから刺激を受けて読みました。実に面白い。佐高さんは瀬戸内先生に会ったことはありますか。
佐高　ありますよ。
佐藤　どんな方ですか。
佐高　簡単にいうと林真理子をもう少し上品にした感じ（笑）。澤地久枝さんに湯浅芳子と宮本百合子のことを聞いたら、「これは常識よ」というんだ。あの年代はみんな湯浅芳子と宮本百合子の話を知っていた。

サイエンス本を読む理由

佐藤　最近面白いと思うのは、ビートたけしさんと近いから、佐高さんはもしかしたらあまり好きでないかもしれないけど、竹内薫さんです。この人が書くものが、非常にいいんです。

佐高　いいというのは何が？

佐藤　ブルーバックスの『不完全性定理とはなにか』はやっぱり突き抜けています。彼自身はニッチな感じで書いたというけれど、書き方をよく工夫しているとともに、内容が全部先の専門分野につながっているんです。

今まで高橋洋一さんとの対談本で竹内さんはバカのふりをしてたけど、やっぱりそろそろ真面目なものを書きたくなってきたんでしょうね。iPS細胞の話なんかも、まだ山中教授がノーベル賞を取る前から注目して書いてますから。

佐高　竹内は佐藤さんと同じ猫好き仲間というところから読み始めたの？

佐藤　いや、違います（笑）。高橋洋一さんと竹内薫さんの共著の『鳩山由紀夫の政治を科学する』という本を読んだんです。

高橋さんが先生役で竹内さんが生徒役なんだけど、竹内さんのほうが明らかに高橋さんよりも地頭がいいんですよね。高橋さん、すごいですね、やっぱり数学のヘルマンの最終定理を部分的に解かれた高橋さんは私なんかと頭が違いますという雰囲気でさんざん持ち上げてからかっている。

佐高　ほめ殺し。佐藤さんはこういう理系の本も読むのね。

佐藤　はい。数学は非常に大事ですから。というのも十数年前に経済が数学と結婚しちゃったんですよ。だから、国際情勢や経済を理解するときに、現在、数学の力は絶対に必要になっています。数学をきちんとフォローしていないと、うそつきにだまされる危険性があると思うんです。だからだまされないためにも、にわか勉強でもいいから数学の力をつけないといけないんです。その観点で、これはうそつきにだまされないようにするためのいい本なんです。

あるいは、そのへんがもう少し気持ち楽な感じで書かれているのは『理系バカと文系バカ』です。

佐高　この「ブルーバックス」シリーズというのも面白いよね。

佐藤　「ブルーバックス」は、たとえば中学生ぐらいの数学にちょっと不安がある、あるいは、高校数学になると自信がないという大人向けに書かれた本が多いです。数学に関する本にはちゃんと演習問題がついているものもあり、標準的な努力ができる人だったら一ヵ月ぐらいで処理できるような、そういういい本をたくさん出しています。

ビートたけしと大島渚の共通性

佐高　佐藤さんは、大島渚の映画って見たことあります？

佐藤　大島渚の映画は「日本の夜と霧」とか「戦場のメリークリスマス」も好きですよ。

佐高　そうですか。少し前だけど、雑誌「映画芸術」で、大島渚の追悼というので、西部邁《にしべすすむ》と私の対談をやったんです。そこで「絞死刑」というのを見せられたんだけど、これが全然面白くなかった。ひどい映画だなと。昭和三三年に女子高生が殺された小松川事件というのがモデルで、死刑問題を扱っているんだけど、要するに「朝まで生テレビ」を映画でやっているようなものなの。映画でそんなことやられたって困るだろうという話。

佐藤　そういうものもあるんですね。大島渚はビートたけしさんに通じるものがあると思うんです。やっぱり「戦場のメリークリスマス」でビートたけしの才能を見出したというところなんか。

佐高　なるほどね。しかし、「日本の夜と霧」だって、今思うとけっこうくだらない映画ですよね。

佐藤　「日本の夜と霧」で、一番光っていたのは小山明子だと思いますね。安保闘争の活動家の彼女の役ですけれど、ズルさが見事に表れている。

佐高　そうそう。

佐藤　活動家といっても、金持ちの学生がいると聞いたら急に目が光っちゃって、なびいていくあたりが面白い。パターン化された女性像がよく描かれている。

佐高　いわゆるブル転、ブルジョワ転向ってやつね。

佐藤　ブル転批判。当時の人たちはそういう雰囲気が好きだったんですよね。

でも痛いのは、「愛してるんだよ」とか「ホテルに行こう」ということを、ああいう革命をからめた言葉でいっていたということなんですね。表層はそういう政治的言語で話しながら、お姉ちゃんを口説いてるやつがたくさんいたんでしょうね。

私の時代でも、こういう口説きが好きな人は、一生懸命に吉本隆明を読んでいました。

佐高　でも、最近はそれでは口説かれないでしょう。そうでもないのかね（笑）。

文芸・評伝・文芸批評を読む、必読ブックリスト

『若い人』	石坂洋次郎	新潮文庫
『星亨』	中村菊男	吉川弘文館
『平民宰相　原敬伝説』	佐高信	角川学芸出版
『星亨―藩閥政治を揺がした男』	鈴木武史	中公新書
『死にがいの喪失』	井上俊	筑摩書房
『随眠の哲学』	山内得立	岩波書店
『誤解する権利―日本映画を見る』	鶴見俊輔	筑摩書房
『内ゲバの論理　テロリズムとは何か』	鶴見俊輔他　埴谷雄高編	三一新書
『北米体験再考』	鶴見俊輔	岩波新書
『折衷主義の立場』	鶴見俊輔	筑摩書房
『日本人の死生観』	加藤周一他	岩波新書
『死の思索』	松浪信三郎	岩波新書
『読書術』	加藤周一	岩波現代文庫
『パルタイ』	倉橋由美子	新潮文庫
『鯨神』	宇能鴻一郎	中公文庫
『阿寒に果つ』	渡辺淳一	角川文庫
『遠き落日』	渡辺淳一	集英社文庫
『冬の花火』	渡辺淳一	角川文庫
『夜に忍びこむもの』	渡辺淳一	集英社文庫
『無影燈』	渡辺淳一	文春文庫
『白い宴』	渡辺淳一	角川文庫
『ナイティンゲール伝』	リットン・ストレイチー	岩波文庫
『アラビアのロレンス』	中野好夫	岩波新書
『知恵の七柱』	T・E・ロレンス	平凡社
『アラビアのロレンス』	ロバート・グレーヴス	平凡社ライブラリー
『ケインズかハイエクか―資本主義を動かした世紀の対決』	ニコラス・ワプショット	新潮社
『決定版　夏目漱石』	江藤淳	新潮文庫
『成熟と喪失―"母の崩壊"』	江藤淳	講談社文芸文庫
『批評と私』	江藤淳	新潮社
『奴隷の思想を排す』	江藤淳	文藝春秋新社

※本文中には紹介されていませんがお薦めです
（濃い網掛け）…佐高信セレクト　（薄い網掛け）…佐藤優セレクト

『首都圏銀行』	清水一行	徳間文庫
『外務省ハレンチ物語』	佐藤優	徳間文庫
『反省—私たちはなぜ失敗したのか?』	鈴木宗男／佐藤優	アスコム
『影を裁く日』	高柳芳夫	講談社文庫
『日本大使館殺人事件簿』	高柳芳夫	徳間文庫
『禿鷹城の惨劇』	高柳芳夫	新潮文庫
『プラハからの道化たち』	高柳芳夫	講談社文庫
『今だから言おう』	高柳芳夫	講談社
『伊藤野枝全集』	伊藤野枝	学芸書林
『美は乱調にあり』	瀬戸内晴美	角川文庫
『自叙伝・日本脱出記』	大杉栄 飛鳥井雅道校訂	岩波文庫
『風狂のひと辻潤—尺八と宇宙の音とダダの海』	高野澄	人文書館
『夢幻の山旅』	西木正明	中公文庫
『辻潤「個」に生きる』	高木護	たいまつ新書
『現住所は空の下』	高木護	未来社
『沈黙』	遠藤周作	新潮文庫
『海と毒薬』	遠藤周作	新潮文庫
『侍』	遠藤周作	新潮文庫
『望郷のとき—侍・イン・メキシコ』	城山三郎	文春文庫
『スキャンダル』	遠藤周作	新潮文庫
『悲しみの歌』	遠藤周作	新潮文庫
『おバカさん』	遠藤周作	ぶんか社文庫
『父親』	遠藤周作	講談社文庫
『ぐうたら人間学』	遠藤周作	講談社文庫
『ぐうたら愛情学』	遠藤周作	講談社文庫
『ぐうたら交友録』	遠藤周作	講談社文庫
『ソクラテスの妻』	佐藤愛子	中公文庫
『孤高の人』	瀬戸内寂聴	ちくま文庫
『孤高の人』	新田次郎	新潮文庫
『不完全性定理とはなにか—ゲーデルとチューリングの考えたこと』	竹内薫	講談社ブルーバックス
『鳩山由紀夫の政治を科学する—帰ってきたバカヤロー経済学』	高橋洋一／竹内薫	インフォレスト
『理系バカと文系バカ』	竹内薫	PHP新書
『戦場のメリークリスマス—シナリオ版』	大島渚	思索社

第八章　社畜とブラック企業

収奪マシーンと化した会社

佐藤　第一章でも言及しましたが、世の中には一定程度、国家というものを必要としない人たちがいます。現代でいえば、C言語、JAVA言語などのコンピュータ言語を自在に操るハッカーがそうだと思うんです。国境を越えたネットワークの中で、国家権力の監視も届かない。日本でここ数年、ノマドワーキングという働き方が若い人を中心に注目されていますが、飛躍を承知でいうと、これも方向性としてはもう国家には何も期待しない、期待できないという危機意識の表れとしての一面がある気がします。

佐高　ノマドはそもそも遊牧民ですからね。

佐藤　そうです。国家にも、会社という場所にも組織にも束縛されず、自分らしく働きたいと。

佐高　気持ちはわかるけれど、しかし、日本の労働環境・雇用の劣化はすさまじいですからね。非正規雇用がすでに労働者の三分の一を超えている。そうなると、自覚的にノマドという働き方を選んだつもりが、労働者の連帯からも外れて、一方的に使い捨てされるだけの結果にもなりかねないでしょう。

佐藤　その通りです。佐高さんはかつて、社畜という言葉を使って、日本の会社員の有り様を批判しました。
社畜論というのは実はイデオロギー論なんです。明らかに客観的に見てプロレタリア階級で、会社が疲弊したときにはまっさきに切られる人たちが、「うちの会社は」とそういうふうにいっていると。これは社会学の話じゃない、イデオロギーの問題であって、意識だけはプチブルになっている日本の会社員に警鐘を鳴らしたわけです。
佐高　そうですね。
佐藤　ところが、会社のほうはもっと上手《うわて》なんです。業績に応じて非正規雇用の労働者を雇用の調整弁にした上に、社員に対して社畜化をいっそう加速している。もはや会社は労働者を搾取するだけでなく、暴力的収奪マシーンになりつつある。
「おまえ、よく聞け。これからは一億か一〇〇万かどっちかだ。これが世界標準賃金だ」と。いわゆるブラック企業といわれるところには離職率が年に五〇パーセントを超えるところもあるといいます。
佐高　ここまでくると、会社員は餌、つまり給料なしでも働くのかということなんですね。イナーシャ、というんですか、物理の法則でブレーキをかけてもそのまましばらくは進むという慣性の働きがあるでしょう。あの感じですよ。

就職してみたらブラック企業だということに気づいた若い人たちとの間で、それなりに乖離《かいり》が起こるはずなんだけど、それすらあまり起こっていないというのはね。

佐藤　少しずつ変化は起こってくると思いますけど。そこのところで、「週刊東洋経済」が「ユニクロ―疲弊する職場」という記事を出しています。これは東洋経済オンラインが二〇一三年五月三日付けで掲載していて、ネットで読むことができます。

日本の会社と労働者の関係を考える上で、東大教授の吉川洋さんが書いた『デフレーション』も面白いです。ヨーロッパの企業というのは産別労組が発達しているから、個別の会社の業績の善し悪しは労働者の賃金を決めるときに関係がない。

ところが日本の場合は賃金を決定するときにプラスアルファの変数が入ってくる。それが会社の業績なんだと。

佐高　ああ、なるほど。ヒラ社員までが経営者のように「ウチの会社」のことを心配する。

佐藤　日本では会社の業績が悪いと、働いている労働者も納得しちゃうんですよ。第二章で和辻哲郎の人倫的国家の話をしましたが、そこで批判したように、家族の延長線上に会社があるとそうなってしまう。その代わり、大事な雇用が確保されているということにされてしまうんです。その結果、吉川さんがいっていることはどういうことかといったら、雇用の流動化でリストラをやれっていう話になるわけですけどね。

佐高　日本の場合、労働組合が社宅を要求したのが決定的間違いだったと思いますね。これで二四時間、会社に縛られることになった。

社畜論・官畜論に通じる問題作

佐藤　ちょっと毛色は変わりますが、社畜論・官畜論に通じる面白い小説を紹介します。チェコの作家、ラジスラフ・フクスが書いた『火葬人』という作品です。

最初に説明しておくと、火葬は当時、ユダヤ教、キリスト教の世界の人たちにとって死者が永久に復活できなくなるという、宗教的、形而上的な恐れがある行為でした。

小説は一九一八年にできたチェコスロバキア第一共和国で、疫病の予防や墓地不足を解消するために国が火葬を推奨するようになり、突然モダンな職業となった火葬人の男の物語です。聖書やチベット思想の本を読み、自分の職業に誇りをもって働く生真面目な主人公は、ナチスの侵略を受けて、ユダヤ人の血を引く妻やわが子を手にかけたあと、ホロコーストにまで協力する。法に忠実に従うという人が、どういうふうに変容してくるのか。善人がいかにして平気で悪事を働くようになるのか。それをものすごくグロテスクなかたちで描いた作品です。

佐高　その本を出している出版社を佐藤さんは直接知ってるの？
佐藤　知ってます。京都の出版社でいい本をたくさん出しています。イスマイル・カダレというアルバニアの作家の『死者の軍隊の将軍』も訳してます。複合アイデンティティを持っている人たちはどういうふうに意識が変わるのか、という現象は現下の沖縄で現実に生じていることなんです。だから私は『火葬人』に興味を持ちました。

新自由主義における、自由の主体

佐高　京セラの創業者・稲盛和夫を囲む、盛和塾というのがあるんです。稲盛の経営哲学を学ぶというんだけど、これがすごい。全国組織になっていて、中小企業の社長たちがわんさか集まる。
佐藤　集まって「稲盛教」を学ぶと。
佐高　そう、稲盛教を学ぶ。本人が出てきて「私はＪＡＬを再生させた」とかブチ上げるんだけど、彼のやったＪＡＬの再生なんていうのは誰だってできる話でしょう。公的資金で援助して、法人税を免除してもらって、要するに借金を全部棚上げしただけなんだから。全日空は怒っているらしいけど。

佐藤　私はＪＡＬの再生は非常に高く評価していますけどね。というのは、市場原理主義とはまったく別の、独自ルートでやったわけですよ。あれは新自由主義に完全に逆行している。当時の前原誠司国土交通大臣のイニシアティブが大きい。新自由主義の理屈ではまったく説明できないものですよ。

佐高　そう。あれこそ国家資本主義そのものでしょう。

佐藤　そうです。国家独占資本主義そのものですよ。国家と結びつく独占（寡占）資本を守るためにやった。素晴らしいことですよね。新自由主義の論理と全然違いますよ。

そもそもグローバリズムだ、規制緩和だといいながら、他方で国を挙げて、原発や新幹線とかのインフラを外国にさかんに売りつけようとしているわけでしょう。民主党政権時代だって首相を中心に、東芝や日立とタイアップして。これは重商主義、帝国主義そのものなんですよ。

佐高　そう。すごくおかしいのは、新自由主義といいながら、ＪＡＬにしたって東電にしたって、巨額の金を出して助けてね。

佐藤　だから、新自由主義の本質が何なのかというと、自由の主体が何かという問題に行きつきます。旧自由主義、オールドリベラリズムにおける自由の主体は、個人であり企業。その企業というのも基本的な発想は、小さな合資企業であり合名企業なんですよ。つまり、そこらへんの商店街の中にあるお店が会社になったっていうそんな感じなんです。だからこそその中で無限責任も負わなきゃいけないよ、と。

佐高　スタートラインを絶えず引き直す独占禁止法はどこへ行ったのかということですね。私は経済誌の編集者時代、正田彬《しょうだあきら》の『消費者の権利』を座右の書にして、暴走する資本主義を撃っていた。

佐藤　それに対して新自由主義における自由の主体、これは巨大企業です。いい換えればいわゆる独占資本の自由、なんですよ。そうすると、自己実現の主体というのも資本にしかないんです。

だからビル・ゲイツの自己実現はあるんですよ。しかしプロレタリアートの仲間である佐高信や佐藤優の自由っていうのは基本的にないんですよ。

佐高　われわれにはあらかじめ自由も、自己実現の可能性も与えられていないと。

佐藤　そういうことです。

社長訓示の種本

佐高　稲盛和夫は第二の松下幸之助といわれているでしょう。松下、稲盛、柳井という線があるわけです。松下幸之助神話が最初にあって、それが稲盛神話になり、柳井神話になった。

佐藤　神話は常に必要ですからね。でも、その神話の中でひときわ輝いているのは竹中平蔵さんでしょう。「価値は人間の労働から出るのだ」ということで、ギューッと搾り取る。FXみたいな浮ついたもので儲けるんじゃなくて。

佐高　講談社から出ている『市場と権力』という竹中平蔵の批判本、あれはなかなかいいところをついている。「現代」「世界」に掲載されたものをまとめたもので、著者は元日経の記者です。

　稲盛については斎藤貴男の『虚飾の経営者　稲盛和夫』もあります。

佐藤　『市場と権力』は話題になっているので読んでみました。しかし、今一つピンとこない。まず、竹中氏の学術論文の内容に踏み込んでいない。それに竹中さんが蓄財しているというのが批判のポイントになっているが、竹中さんの能力と人脈をもってすれば、はるかに巨額の富を作ることができました。竹中さんが自己抑制のきいたカリスマ性のある人物だということが、この作品からは見えない。

佐高　松下、稲盛もそうなんだけど、日本の社長たちはなぜか朝会で説教をしたがる。そして彼らの説教の材料になっているのが、古いところでは安岡正篤《まさひろ》とか、中村天風《てんぷう》。それに松下や稲盛の本ですね。

佐藤　説教で重要なのは、とにかく、苦労したから自分は偉くなったんだという、そのストーリーですよね。努力は報われるという。

佐高　そうです。

佐藤　でも実は話が逆で、報われている者は苦労して努力しているんだという、それだけの話ですよね。

佐高　結局そういった説教を通じて、順応の気構えみたいなものをうまく植えつけているんでしょうね。

佐藤　まさにその順応化のシステムをうまく描いているのが、意外なことに、村上春樹さんの『色彩を持たない多崎つくると、彼の巡礼の年』だと思うんですね。

主人公の友人の赤松という男は、自己啓発セミナーを主催して大成功しているんだけれども、そのポイントが「自分の頭で考えている」と思い込んだまま会社に順応する人間をいかに作るかということだというんです。

中にはこのセミナーがまったく効かない、まったく受けつけないやつがいる。それは二種類いるというんですね。一つは反社会的な人間。これは、どんな秩序にも従いたがらない。だから、お引き取り願うと。
それからもう一つは、本当に自分の頭で考えることができる人間。そういう人間は放っておいても指導者的な立場に立つから、変に触らないことだと。
それ以外の残り八五パーセント、これは上から命令を受けてその意のままに動く人間で、そういう自己啓発セミナーの指導を必要としているというんですね。だから、赤松というのはそれをネタに金儲けしている。

佐高　私、読まないでアレなんだけれども、それを聞くだけでも村上の非現実性がうかがわれるね。反社会的な人間というのは、最初から会社へ入れないですからね。それがわかってない。

佐藤　確かに今の会社は少しでも変なところがあると最初から採用しないですね。

佐高　村上がものすごく現実離れしていると思うのは、そういう部分ですよね。

佐藤　そういった人間でも昔は、地方公務員とか、あるいは各県庁がやっている財団とかに、偽装して潜り込むというケースもありましたけどね。

佐高　あと経営者で「そういうやつのほうが元気があっていいんだ」とかいって採用しちゃったりね（笑）。でも今はもうムリでしょう。

佐藤　私が民間企業の人事担当だったら、やっぱりそんな反社会的性向のある人間、協調性のない人間は採用しないですものね（笑）。

企業の社会的責任

佐高　ブラック企業の続きだけどね、資本主義というのは必ずどこかに帝国主義的なもの、植民地的なものを必要としているんですね。つまり格差の中で運営されている。

佐藤　資本主義が純粋化する部分もあれば、儲かるんだったら純粋化しなくてもいいという部分もあるということですね。

佐高　それと、経済学者の宇沢弘文《うざわひろふみ》なんかのいう、社会的共通資本というのがあるでしょう。たとえば自動車が売れるためにはそこに舗装された道路がなきゃいけない。その道路は公の税金を使って造っているわけですね。そこらへんについてはトヨタは負担していない。それを「社会的共通資本というものを忘れている」というふうに宇沢弘文はいったわけ。

佐藤　目先の経済的利益ではなく、一つの国とか地域とかが安定的な経済活動ができるようなインフラが宇沢さんのいう社会的共通資本ですよね。具体的には、教育や医療がそれにあたる。しかし、そんなことよりも教育も病院も株式会社化して金儲けをしたほうがいいという考え方が小泉政権後は強くなった。

佐高　そう。宇沢が『自動車の社会的費用』や『社会的共通資本』で指摘したように、そういうものは知らんぷりでネグるわけ。

佐藤　ひと言でいうと、自分だけ、自分の企業だけよければいいということ。

佐高　そうそう。

佐藤　企業といっても、もっというと経営陣だけよければいいと。

佐高　「わが亡き後に洪水は来たれ」みたいなね（笑）。

ホワイト企業のブラック性

佐高　『ブラック企業』を書いた今野晴貴の仲間が先日、私のところに取材に来たんだけど、ちょっと違和感を持ちました。ユニクロとか和民を糾弾するのはもちろん必要だけど、最大のブラック企業は東電じゃないかと私はいったんです。それで「あなた方はそこをどう考えてるの？」と聞いたら、「それはとりあえず置く」というんです。まずは目の前の離職率五〇パーセントみたいなのを糾弾すると彼らはいうわけ。

そうすると、離職率五〇パーセントばかりが責められて、相対的に東電の価値が逆にまた上がっていきかねない。

佐藤　なるほど。

佐高　私は昔からいわゆるホワイト企業のブラック性を一生懸命突いてきたんです。東電もそうなんだけど。ところがこの頃は、見るからに真っ黒けのが出てきちゃって。

佐藤　確かに、小さい真っ黒けのほうをまず正すことが焦眉の課題と思います。徹底的にねじってひねって、もう立ち上がれないようにしてしまえば、「こんなに怖い目に遭うのか」とビビるでしょう。そのときに「それじゃあ、次は大きいところに行きましょうか」と、こういう戦法で行く。

佐高　しかしそれでブラック企業徹底排除に向かうかね？

佐藤　現実的に考えて、そこで力を発揮するのは特捜検察だと思うんです。騒ぎを聞きつけて、特捜が入ってこざるを得なくなる。こういうやり方です。特捜が正義の味方になってくれる。

佐高　なるほど。

佐藤　だから、雪印食品のときのあのパターンです。あれも本当に真っ黒けのけで、ブラック企業というより、ホワイト企業の中のブラック事件でしたから。

佐高　武富士なんていうのはブラック企業の先駆け的存在だけど、経団連に入っていたわけですよね。すると、経団連とか何のためにあるのかという話になる。こういうブラックを排除する方向、自主規制みたいなものが全然ないんだよね。会費を取ればいいみたいな感じで。
佐藤 だって、現会長の米倉弘昌さんの顔を見てくださいよ（笑）。顔がすべてを物語っています。
佐高 まだ昔はよかったんだけどね。東芝の社長だった石坂泰三あたりはそれなりに考えていた。トヨタの奥田碩《ひろし》が経団連の会長になったあたりから、ひどくなりましたね。

食える仕事、食えない仕事

佐藤 労働市場を扱った本で、渡邉正裕さんが書いた『10年後に食える仕事　食えない仕事』がけっこう面白い。

仕事を「重力の世界」「無国籍ジャングル」「ジャパンプレミアム」「グローカル」の四つに分類しているんです。プログラマーとコンビニの店員は実は一緒で、両方とも「重力の世界」だというんです。これらの仕事はオフショアが可能。インドや中国と競争しないといけないから、賃金がいくらでも下がって、最後は世界最低賃金になってしまう。ここに入っていたら逃げ出しちまったほうがいいと著者はいうんです。

この本の論理を敷衍すると、意外にも今後この重力の世界に入ってくるのが、公認会計士なんです。会計はこれからは国際基準になってくる。言語も英語になります。そうすると、インドの公認会計士との間で競争になるんです。だから、公認会計士はどんどんオフショアされて、その分収入が落ちてくるというんですね。

それから「無国籍ジャングル」というのは、「個人の腕1つで世界を相手に勝負する」そこには賭けごとで一発大きく当てるという要素が入ってくる。柳井さんのように起業して成功して一〇〇億円とか一〇〇〇億円稼ぐ人。その代わり、その人たちというのは、月五万円ぐらいの世界に落っこちる可能性が常にあると。ユニクロで年に一億円稼ぐ優良社員も、病気やケガでコースから外れれば落っこちますよね。

それに対して、「ジャパンプレミアム」というのは、「日本人メリットを活かせる技能集約的な職業」。たとえば、住宅の営業、高級車のディーラーなんかは、外国人がやってもダメです。「この人は五年後も日本にいてアフターケアをしてくれるのか」と思われてしまうから。

それから介護の現場のヘルパーさんはフィリピン人でもいいけれど、その人たちをまとめたり、ケアプランを作るケアマネージャーは日本人でないと難しい。それから規制で外国人がつけない一部の公務員なんかもここに入る。

「グローカル」というのは、グローバルなセンスもあるんだけど、同時に高度な日本語能力を持っていて、それを生かした仕事のこと。たとえば医者。医者は患者との信頼関係を維持できないといけないから、いくら優秀であっても実は外国人は入ってこられない。それから、弁護士もそう。それから、作家、編集者、記者。あとは高級公務員など。

つまり一〇年後に食える仕事は「グローカル」「ジャパンプレミアム」だというんです。今、日本のマーケットというのは、人口一億三〇〇〇万人がいるわけです。少子高齢化で、一億人ぐらいまで減ると予見されているけれど、その規模であれば「グローカル」と「ジャパンプレミアム」のところだけでやっていけるんです。

だから、「基本的には、グローカルへの進出を一番にお奨めしたい」というのが著者の考えです。「無国籍ジャングル」の世界にチャレンジしたい人はどうぞ、と。その代わり、「人類七〇億人との仁義なき戦い」だとわかっていけばいいと。

佐高　それは学者が書いているの？

佐藤　いや、元日経の記者。いわゆる労働経済なんかをやっている学者さんとは違って、下品だけれども非常に説得力があります。

社畜とブラック企業を読む、必読ブックリスト

『冒険に出よう―未熟でも未完成でも〝今の自分〟で突き進む。』	安藤美冬	ディスカヴァー・トゥエンティワン
『新版　明解C言語　入門編』	柴田望洋	ソフトバンクパブリッシング
『ユニクロ―疲弊する職場』	東洋経済オンライン	週刊東洋経済編集部
『デフレーション―〝日本の慢性病〟の全貌を解明する』	吉川 洋	日本経済新聞出版社
『火葬人』	ラジスラフ・フクス	松籟社
『HHhH　プラハ、1942年』	ローラン・ビネ	東京創元社
『死者の軍隊の将軍』	イスマイル・カダレ	松籟社
『夢宮殿』	イスマイル・カダレ	創元社文庫
『消費者の権利』	正田彬	岩波新書
『市場と権力―「改革」に憑かれた経済学者の肖像』	佐々木実	講談社
『虚飾の経営者　稲盛和夫』	斎藤貴男	金曜日
『色彩を持たない多崎つくると、彼の巡礼の年』	村上春樹	文藝春秋
『自動車の社会的費用』	宇沢弘文	岩波新書
『社会的共通資本』	宇沢弘文	岩波新書
『規制緩和という悪夢』	内橋克人／グループ二〇〇一	文藝春秋
『ブラック企業―日本を食いつぶす妖怪』	今野晴貴	文春新書
『10年後に食える仕事 食えない仕事』	渡邉正裕	東洋経済新報社
『昭和恐慌の隠された歴史―蔵相発言で破綻した東京渡辺銀行』	佐高信	七つ森書館
『「スタグフレーション」―日本資本主義体制の終末』	鎌倉孝夫	河出書房新社
『資本論に学ぶ』	宇野弘蔵	東京大学出版会
『経済原論』	宇野弘蔵	岩波全書
『経済政策論』	宇野弘蔵	弘文堂
『社会科学の根本問題』	宇野弘蔵	青木書店
『経済学の効用』	宇野弘蔵	東京大学出版会
『資本主義の経済理論―法則と発展の原理論』	鎌倉孝夫	有斐閣
『資本論』	マルクス／エンゲルス編	岩波文庫
『剰余価値学説史』	マルクス	大月書店
『世界資本主義―その歴史的展開とマルクス経済学』	岩田 弘	未来社
『マルクス・エンゲルス選集』(第2巻)「イギリスにおける労働階級の状態」	エンゲルス	新潮社
『賃銀、価格および利潤』	マルクス	岩波文庫

『資本論五十年』　宇野弘蔵　法政大学出版局

『マルクスに凭れて六十年――自嘲生涯記』　岡崎次郎　青土社

『価値論』　宇野弘蔵　青木書店

『増補版　農業問題序論』　宇野弘蔵　青木書店

※本文中には紹介されていませんがお薦めです
■…佐高信セレクト
□…佐藤優セレクト

第九章　未来を読む

「沈黙する自由」のある国

佐藤　私はまったく違う世界からこの業界に入りましたが、出版社と作家の関係を見ていると、佐高さんのようなコレクトな関係を持っている人は少ないと思うんですよ。「Correct＝適正」のコレクトです。実際、「あれ?」と思うことがよくある。

たとえば編集者との打ち合わせの場所がホテルの一室ということがあったんですよ。打ち合わせが終われば、その部屋は朝まで使えるわけで、要するにその編集者はその部屋を別の用途で使っていたわけです。

佐高さんも、学校の先生からまったく違うこの世界に来られたのですが、ギャップを感じることはありましたか?

佐高　私はね、そういうのとはちょっと違うんだけど、メディア、特にマスメディアの人間が何かというと「言論の自由」を持ち出すのにものすごく違和感があるんですよ。「言論の自由というのは守られるべきだ」「それは言論の自由に反している」とかいわれるとね。新聞記者なんかはすぐに言論の自由を持ち出すけれど。

広告の問題を含めて「言論の不自由」の問題と「言論の自由」は切り離せない。政治権力やスポンサーとの闘いの中で、それはわずかに守られるもので、その苦闘への言及なしに「言論の自由」を持ち出されても、それがほとんどなかった経済誌にいた私はピンとこないんです。石川達三の『金環蝕』に、殺される業界紙の社長が出てきますが、情報はダーティな泥沼と無縁ではありませんからね。

佐藤　私がソ連にいたから余計にそれを痛感したのかもしれませんが、表現の自由というのは、究極には「沈黙する自由」、つまり自分の考えをいうことを強要されない自由だと思うんです。

佐高　なるほど。

佐藤　無理やり告白させられないということです。二〇一二年の宜野湾市長選挙のときに、沖縄防衛局長（当時）の真部朗《まなべろう》という人が、関係者を集めて講話を行って「選挙に行きなさい」といった。この「選挙に行きなさい」というのは、憲法の自由権原則の侵犯ではないかと、私はあちこちで強く批判しました。

旧ソ連の選挙では投票率が九九・九パーセントでした。棄権の自由が事実上、なかったわけですよ。内心で思っていることを、公権力によって、告白することを要求されないということが、実は積極的な言論の自由よりも何よりも大切なことだと思います。それが、言論の自由、表現の自由の大前提なんですよ。

だから、「言論の自由、表現の自由」ばかり声高に主張する人は、「思っていることをいえ」「ちゃんと表現しろ」と他人に強要している危険性に無自覚すぎる。これは実は自由権の一番の侵害だと思うんです。柄谷行人さんも、私と同じ考えを述べています。

佐高　先頃亡くなった産経新聞前社長の住田良能《すみだながよし》とは慶應同窓ということもあって昼食会の仲間だったんですが、住田と私の間にホットラインがあったというと驚く人が多い。しかし、住田は護憲の意見広告を産経に載せることに応じてくれたし、異なる立場や意見を面白がった。そういう幅のある言論人がどんどんいなくなっているように思いますね。夕刊フジに私が『福沢諭吉と日本人』を書くよう勧めたのも住田なんですよ。

スキャンダリズムの功罪

佐高　そもそも日本の会社には、言論の自由も沈黙の自由もない。

佐藤　日本の会社や中央官庁の中に自由なんてないですよ。

佐高　そう、それはもう見事にない。〝憲法番外地〟ですから。

佐藤　「言論の自由」の中でスキャンダリズムが無視できない位置を占めています。スキャンダリズムに関して、是か非かという論議がいつもありますが、スキャンダリズムがいかなるときも「是」だという立場を私は支持しない。

というのは国民のスキャンダルを一番握っているのは国家だからです。たとえば、国税は一人ひとりの財布の状況を全部握っています。それから、公安警察はいろんな人たちの秘密をたっぷり持っています。つまり「公権力」が一番情報を持っていて、かつそれを意図的に垂れ流すことができるわけですよね。

公権力にとって都合の悪い、目障りな人間のスキャンダルはリークされ公開されて、結果、激しい批判や中傷にさらされる。一方、権力側の人間のスキャンダルは永遠に秘匿される。それが現実ですよ。

だから国家や公権力が秘匿する情報をつかんで暴く調査報道は、現象においては警察や検察によるリークと同じスキャンダリズムであっても、ベクトルが違うんですよね。

佐高　その構図を一番見事に描いたのが、澤地久枝の『密約』ですよね。一九七一年の沖縄返還協定に関連して、アメリカが地権者に支払うべき費用を日本政府が肩代わりするという密約が存在したことを毎日新聞の西山太吉記者が暴いた。しかし情報を提供した外務省の女性事務官と西山記者が男女の関係にあったことから、二人のスキャンダルに国民、メディアの関心が向けられて、結局、密約の真相は明かされないまま、事務官が国家公務員法の機密漏洩の罪で有罪、西山も同法の教唆の罪で有罪となった。
ここで問われているのは当時の佐藤栄作首相がうそをついたことと、つまり国家がうそをついたことと、新聞記者と女性事務官の情事というのが、同じ価値なのかということ。

佐藤 そうですよね。二つの密約、男と女の間の家族に対する密約と、国家と国家の間の密約。これを等価にされたどころか、男と女の間の密約のほうがより指弾された。振り子がそっちに振れちゃったということなんですよね。

ただ私はその『密約』というノンフィクションの中でちょっと違和感があったのが、澤地さんの視座が真面目すぎることなんです。
あの女性事務官には特異な才能があって、ワイドショーや女性週刊誌に出て、政治事件を男女間のスキャンダルに転換する上で重要な役割を果たした。彼女の愉快犯的な面が描かれていないと思うのです。

佐高 というと。

佐藤 この事件を担当した検事の佐藤道夫は、自分が起訴状に書いた「ひそかに情を通じ、これを利用して」という一文があったからこそ、有罪判決が下りたんだと自慢していっていたけれど……。

佐高　私はうそだと思う。

佐藤　「情を通じる」の一文があっても、あのときに女性事務官が週刊誌やワイドショーに出なければ、あの事件は「国家と国家の密約」のほうが重かったと思うんです。

彼女はワイドショーに出演して自分の夫婦関係の話や、西山がいかにひどい男かということを指弾して、世の好奇をさらった。あれはワイドショー政治の走りですよ。彼女の面白さに敗れた面があると思う。

佐高　佐藤さんはあの事件を覚えてるの？

佐藤　覚えてますよ。当時は小学生でしたけれど、テレビのワイドショーを母親が見ていたので。でもね、その後外務省に入ってから考えてみると、ああいう外務省幹部と結びついた女性事務官というのは実際にいるし、それほど珍しくないわけなんです。

政敵との闘い方

佐藤　ナチス初期の理論家のカール・シュミットは『政治的なものの概念』で、政治における敵とは公敵であり、彼が主張している政策や、彼の路線が問題であって、そこにおける人間性とか美醜であるとか、そういったことは分けて考えないといけないといっているんです。

佐高　本質論ですね。

佐藤　みんな本質のところで闘いをしようとしない。つまり土俵を政治に限定しないで、これは第一章でもふれましたが、たとえば石原慎太郎さんにしたって、その存在自体を問題にしている。だから「会ってみたら思ったよりいい人だった」とか、「書いてる作品はいいんだけどね」とか、あるいは、「いや、あの人は優しいところもあるよ」とか、そういうふうに取り込まれていっちゃうんですね。

石原さんの怖いところは、われわれが持っている非常に危うい「集合的無意識」のレベルにあると思います。石原さんにはそれをつかみ取って、言語化して物質化する力があるんです。しかしそれがもたらす結果に対してはまったく無責任です。あの人の強さは責任感がないこと。

佐高　城山三郎さんが一橋大学で彼のちょっと先輩なんですね。意見は違うけれども石原とは交流があったんです。それで私が城山さんに「石原慎太郎と対談した」といったら、「彼はすれてないだろう」というんです。確かにすれてない。すれてない無責任さと強さがあるんです。そういうのを全部ひっくるめて内包している。

佐藤　彼はお坊ちゃん育ちの貧乏人なんですよね。

佐高　おやじさんがけっこう早く死んでますからね。

佐藤　そう、それで相当の貧困状態になった。彼が出たのは一橋大学だったけど、当時成績がよくてカネのない若者は、一橋に行ったんです。

佐高　田中角栄と石原を対比させて考えたいんですが、角栄に比べて石原はクリーンなタカ派で、角栄はダーティだけれどもハト派なんです。小泉純一郎から安倍晋三と続く路線はいずれもタカ派でクリーンを装ってる。私は、それよりはダーティでもハトの角栄を選びたい。早野《はやの》透《とおる》の『田中角栄』がハト派としての角栄を強く押し出しています。

憲法改正をめぐって

佐藤　憲法の議論もこのあたりに入れておきたいですね。特に今、安倍政権で改憲問題が出ていますから。九条の改正ばかりが取りざたされているけれど、本当は九六条の改正のほうが危険です。

佐高　そうそう。

佐藤　憲法改正というけれど、どこに行くのかわからない。「行き先はわからないけど、とりあえず、このバスに乗りなさい」というのは、これは絶対ダメですよね。

佐高　慶應に小林節《せつ》という憲法学者がいるでしょう。

佐藤　ええ。

佐高　その人が、毎日新聞の二〇一三（平成二五）年四月九日付け夕刊（「憲法96条改正に異論あり」）で、「自分は九条の改憲論者だけれども、九六条改憲というのはおかしい。あれは裏口入学みたいなものだ」と書いていた。つまり、改憲というより壊憲だ、と。

佐藤　その通りです。九六条というのは憲法改正の手続きについての条文で、議員の三分の二以上の賛成を得た上で発議し、国民投票において、過半数の賛成を必要とするというもの。しかし三分の二をクリアするというのは、国民的議論を起こさないとできないんですよ。

佐高　そうそう。

佐藤　裏返すと、議員の三分の二をクリアできるような状況であれば、だいたい国民投票は通過するんですよ。しかし安倍政権ではこれを二分の一にしようとしている。国民的な議論にならなければ、最高裁判事の国民審査のように、国民投票でも何となく賛成となるのが自然な流れと見ているのでしょう。

要するに永田町の論理だけでコソコソと憲法を変えようとしているんです。国民投票による縛りなんていうのは、実はそんなに強くないんですよ。

佐高　小林節は今まで自民党の改憲の理屈付けをしていた人ですからね。それが「憲法破壊だ」といい出した。それまで世論も九六条改正に対しては賛成の機運が高まっていたけれど、この論文で流れがガラッと変わったね。

佐藤　安倍さんは最近、憲法の勉強をよくしていますよ。今までは、「押し付け憲法はいかん」といっていた。「押し付け憲法を明治憲法に戻す」という発想が非常に強かったんだけど、最近は明治憲法もまた一種の押し付け憲法だと気づいたらしい。

それは、明治憲法は官僚が国民に勝手に押し付けたものだという意味ですね。それで戦後の憲法はアメリカが作って押し付けたものだから、結局は両方とも押し付け憲法だと。

それで最近は「国民の手による初めての憲法を作ろう」といい出した。いい方が微妙に変わってきている。要するに、憲法の主体が国民だということに、最近、初めて気づいたわけですね。

佐高　安倍晋三がNHKの大河ドラマの「八重の桜」を見て感激しているっていうんです。でも新島八重は会津《あいづ》藩の出身ですからね。長州出身の安倍にほめられたって少しも嬉《うれ》しくない。

それで、ある人が「ちょっと安倍さん、それはまずいよ」と進言したというんです。会津と長州は天敵だという近代史の常識を安倍は全然知らないんだって。

佐藤　きっとそういう歴史にあまり関心がない人なんですね。「八重の桜」のもとになった福《ふく》本武久《もとたけひさ》さんの『小説・新島八重　会津おんな戦記』を読めば、そのことはわかるはずなのですが……。

戦後レジームとは何だったのか

佐藤　安倍政権になってから、私のところには外務省からもいろんな人が意見を求めに来るようになりました。
佐高　佐藤さんは外務省とのルートは一貫して持ってるわけですね？
佐藤　そのへんはあえてあいまいにしておきます。ただ安倍政権になってから相談の質が変わりました。
佐高　つまりそれだけ、困っているわけだ。
佐藤　どうでしょうか。安倍政権になって、とにかくすべての潜在力を使わないといけない状態になってるんです。もはや過去の経緯なんかいっていられないという感じで。
佐高　大変なんだね。
佐藤　大変なんですよ。だから、日露の関係にしても、沖縄の関係にしても、たとえば、私の書いたものをしっかり読んでいると、外務省の幹部たちも、私が何を意図しているかがだいたいわかると思うんです。

佐高　なるほど（笑）。

佐藤　だから、気づく人は、すぐに気づくわけですよ。そして私の言説のうち、外務省にとって役に立つ部分を使おうとする。

佐高　そのくらいの柔軟性はある。

佐藤　もともと優秀な外交官は柔軟な思考をします。何よりも安倍政権がやろうとしている「戦後レジームからの脱却」をやられたら困るというのが、外務省の本音なのでしょう。戦後レジームというのは、アメリカが日本に移植した戦後民主主義ですから。私たちはみんな戦後民主主義の落とし子だというのが、外務官僚の平均的認識ですからね。

佐高　宮澤喜一《みやざわきいち》が『社会党との対話』で、保守とは主義ではなく常識だといっている。とすれば、安倍は非常識もしくは異常識なことをやっているわけですからね。

未来を読む、必読ブックリスト

『金環蝕』	石川達三	岩波現代文庫
『福沢諭吉と日本人』	佐高信	角川学芸出版
『密約―外務省機密漏洩事件』	澤地久枝	岩波文庫
『政治的なものの概念』	カール・シュミット	未来社
『大統領の独裁』	カール・シュミット	未来社
『ナチス・ドイツ憲法論』	オットー・ケルロイター	岩波書店
『火の島』	石原慎太郎	文藝春秋
『日本の突然の死―亡国』	石原慎太郎	角川文庫
『田中角栄』	早野透	中公新書
『小説・新島八重　会津おんな戦記』	福本武久	新潮文庫
『社会党との対話―ニュー・ライトの考え方』	宮澤喜一	講談社
『共産党宣言』	マルクス／エンゲルス	岩波文庫
『教会教義学』	カール・バルト	新教出版社
『ローマ書講解』	カール・バルト	平凡社ライブラリー
『「現代」への哲学的思惟―マルクス哲学と経済学』	滝沢克己	三一書房
『国家独占資本主義』	大内力	東京大学出版会
『大系国家独占資本主義』	向坂逸郎他	河出書房新社
『続大系国家独占資本主義』	向坂逸郎他	河出書房新社
『タイムマシン』	ウエルズ	岩波文庫
『ガリヴァー旅行記』	スウィフト	岩波文庫
『山椒魚戦争』	カレル・チャペック	岩波文庫
『一般社会学提要』	パレート	名古屋大学出版会
『トランスクリティーク―カントとマルクス』	柄谷行人	岩波現代文庫
『世界共和国へ―資本=ネーション=国家を超えて』	柄谷行人	岩波新書
『世界史の構造』	柄谷行人	岩波書店
『哲学の起源』	柄谷行人	岩波書店
『幻滅者の社会観』	高畠素之	大鐙閣
『論・想・談』	高畠素之	人文会出版部
『わが闘争』	アドルフ・ヒトラー	角川文庫
『ヒトラー「マイン・カンプ」研究』	石川準十郎	国際日本協会

『社会主義論稿――理論と歴史の再検討』　石川準十郎　新思潮研究会

『哲学ノート』　レーニン　大月書店

『マルクスへ帰れ――経済学的コンテキストにおける哲学的言説』　張一兵　情況出版

『論理学研究』　フッサール　みすず書房

『存在と意味――事的世界観の定礎』　廣松渉　岩波書店

『この人たちの日本国憲法――宮澤喜一から吉永小百合まで』　佐高信　光文社

※本文中には紹介されていませんがお薦めです

■…佐高信セレクト

□…佐藤優セレクト

おわりに――異能の人との連帯

佐高　信

佐藤優さんは異能の人である。とてつもない博識もそうだが、話していると、それが直ちに彼の頭の中に立ち上がって動き出す。

私がかつて読んだ本についておぼろげに思い出そうとしていると、まるで映画のワンシーンのようにそれがよみがえるらしく、具体的に語り始めるので、私は啞然とすることがしばしばだった。

私は四年ほど前に「週刊金曜日」のコラムで「佐藤優という思想」と題して次のように書いた。

〈本誌の読者の中には、佐藤優を登場させることに疑義を唱える人もいると聞く。私も本誌の「読んではいけない」で佐藤の『国家の罠』（新潮社）を取り上げ、〝外務省のラスプーチン〟と呼ばれた佐藤が守ったのは「国益」ではなく、「省益」なのではないかと指摘したことがあるが、省益と国益が一致するとの擬制において行動する官僚だった佐藤は、それだけに国家の恐ろしさを知っている。たとえば、自分は人権派ではなく国権派ながら、死刑は基本的に廃止すべきだと考えるという。死刑という剝き出しの暴力によって国民を抑えるような国家は弱い国家だと思うからである。そして、ヨーロッパ諸国が死刑を廃止したのは、国権の観点から見て、死刑によって国民を威嚇したりしない国家の方が、国民の信頼感を獲得し、結果として国家体制を強化するという認識があるからだと続ける（佐藤『テロリズムの罠』角川oneテーマ21）。

〝危険な思想家〟佐藤優の面目躍如だろう。山田宗睦が『危険な思想家』（光文社）を書いた時、たしか、名指しされた江藤淳は、思想はもともと危険なものであり、〝安全な思想家〟とはどういう存在だと開き直った。この江藤の反論には、やはり、真実が含まれている。

佐藤優も、国権派ならぬ人権派にとって〝危険な〟要素を含む思想家であり、人権派のヤワな部分を鍛える貴重な存在である。

残念ながら、私たち人権派は小林よしのりの暴走を抑止する有効な手を打てていないが、小林がいま一番苛立ち、恐れているのは佐藤であり、佐藤はあの手この手を使って小林を追いつめている。

まさに博覧強記で、あらゆることに通じている佐藤だが、それゆえに知識過剰な人間に弱い。私がほとんど関心のない柄谷行人にイカれているように見えるのはその一面だろう〉

私は学生時代から久野収に師事し、佐藤さんは同志社時代、和田洋一に師事していたが、和田と久野はともに京都人民戦線事件で逮捕されたこともあって、佐藤さんも私も反ファッショを目指すことでは一致している。しかし、資質の違いというか好みの違いもあり、私が江藤淳に惹かれるのに、佐藤さんは全然惹かれないことを発見したのも面白かった。私が苦手な宇野弘蔵に佐藤さんは深く傾倒している。対談の醍醐味は信頼感とある程度の共通性の上に立って、お互いの違いを見出すことにあるのだろう。

佐藤さんの興味は本にとどまらない。映画や漫画、さらにはＡＫＢにも及び、唖然として私はついていけないこともあった。

そんな佐藤さんと私は「週刊金曜日」で猪瀬直樹について「本物のニセモノがやってきた」という対談をやったが、その後、同誌の「抵抗人名録」に私は佐藤さんを取り上げ、次のように書いた。後半部分だけを引こう。

〈端的に言って佐藤は毒をもっている。それは薬になる毒であり、毒にも薬にもならない輩《やから》が、薄っぺらなレッテルを貼って佐藤を非難するのは、私に言わせれば、ちゃんちゃらおかしい。『ユリイカ』の〇九年一月号は米原万里《よねはらまり》特集だが、そこに書かれた佐藤の一文を読んで衝撃を受けた。

〇二年五月一三日発売の『週刊現代』で、外務省のラスプーチンこと佐藤を東京地検が逮捕することを決めた、とスクープされるや、親交のあった米原から、電話がかかる。

「あなた、今晩あいていない。私と食事しよう」

「あいてるけれど無理ですよ。記者たちに囲まれて、集団登下校状態なんです。マスコミをまくことができません」

そう答える佐藤に、米原は、

「いいわよ、記者たちがついてきても」

と言ったが、米原はマスコミの前に姿をさらすことで、佐藤に対する大バッシングの防波堤になろうとしたのだった。

「組織が人を切るときの怖さを話しておきたいの。私は共産党に査問されたことがある。あのときは殺されるんじゃないかと本当に怖かったわ。共産党も外務省も組織は一緒よ」

米原は佐藤を信頼していたのであり、身体を張って、それを示そうとした。佐藤とは当時それほど親しくなかったから、私は思いもつかなかったが、同じことができるかと私は米原から問われたような気がした。猫好きの佐藤には、送っている拙著より、ついでに添えた『ねこ新聞』の方が嬉しかったかもしれない〉

あるいは佐藤さんと私の最大の共通点は猫好きということかもしれない。

佐藤さんは母親が沖縄の久米島出身だが、父方は福島の三春の出身だという。福島の原発震災後の日本国家の東北に対する扱いを私は「東北処分」といっている。沖縄に対する「琉球処分」と同じである。東北出身の私としては、処分する国家に対する闘いを激しく展開していきたいが、佐藤優の闘いは二つの「処分」をされた者として、より苛烈になるだろう。もちろん私はそれに熱く連帯する。

佐高信が選ぶ、ジャンル別・必読「新書」リスト

■哲学・思想

集英社新書

「わからない」という方法　橋本治

ナショナリズムの克服　姜尚中／森巣博

憲法九条を世界遺産に　太田光／中沢新一

悩む力　姜尚中

犠牲のシステム　福島・沖縄　高橋哲哉

自分を抱きしめてあげたい日に　落合恵子

僕の叔父さん　網野善彦　中沢新一

講談社現代新書

論語—現代に生きる中国の知恵　貝塚茂樹

じぶん・この不思議な存在　鷲田清一

「教養」とは何か　阿部謹也

これがニーチェだ　永井均

文春新書

丸山眞男　音楽の対話　中野雄

ぼくらの頭脳の鍛え方—必読の教養書400冊　立花隆／佐藤優

丸山眞男　人生の対話　中野雄

人間の叡智《えいち》　佐藤優

福沢諭吉の真実　平山洋

角川oneテーマ21

難局の思想　西部邁／佐高信

帝国の時代をどう生きるか—知識を教養へ、教養を叡智へ　佐藤優

中公新書

日本の名著—近代の思想　桑原武夫編

世界の名著—マキアヴェリからサルトルまで　河野健二編

哲学入門—生き方の確実な基礎　中村雄二郎

韓非子—不信と打算の現実主義　冨谷至

ニーチェ—ツァラトゥストラの謎　村井則夫

肉食の思想—ヨーロッパ精神の再発見　鯖田豊之

スペイン戦争—ファシズムと人民戦線　斉藤孝

サルトル—実存主義の根本思想　矢内原伊作

地獄の思想—日本精神の一系譜　梅原猛
パスカル—「考える葦」の意味するもの　前田陽一
義理と人情—日本的心情の一考察　源了圓
ニーチェ—その思想と実存の解明　藤田健治
柳田國男　牧田茂
徳川思想小史　源了圓
植木枝盛《うえきえもり》—民権青年の自我表現　米原謙
現代アジア論の名著　長崎暢子／山内昌之編
大川周明—ある復古革新主義者の思想　大塚健洋
国家の論理と企業の論理—時代認識と未来構想を求めて　寺島実郎
ロマン・ロラン　新庄嘉章
丸山眞男の時代—大学・知識人・ジャーナリズム　竹内洋
ウィリアム・モリス—ラディカル・デザインの思想　小野二郎

岩波新書

社会科学の方法—ヴェーバーとマルクス　大塚久雄
トクヴィル　現代へのまなざし　富永茂樹
西田幾多郎—生きることと哲学　藤田正勝

丸山眞男—リベラリストの肖像　苅部直
民族という名の宗教—人をまとめる原理・排除する原理　なだいなだ
権威と権力—いうことをきかせる原理・きく原理　なだいなだ
ニーチェ　三島憲一
「文明論之概略」を読む（上）（中）（下）　丸山真男
日本の思想　丸山真男
近代日本の思想家たち—中江兆民・幸徳秋水・吉野作造　林茂
諸子百家—中国古代の思想家たち　貝塚茂樹
孔子　貝塚茂樹
孟子　金谷治
朱子学と陽明学　島田虔次
デカルト　野田又夫
ソクラテス　田中美知太郎
現代論理学入門　沢田允茂
哲学入門　三木清
エスペラント—異端の言語　田中克彦
ことばと国家　田中克彦

福沢諭吉　小泉信三

ちくま新書

アナーキズム――名著でたどる日本思想入門　浅羽通明
靖国問題　高橋哲哉
愛と憎しみの新宿――半径一キロの日本近代史　平井玄

岩波ジュニア新書

近代社会と格闘した思想家たち　鹿野政直
本　起源と役割をさぐる　犬養道子
南方熊楠――森羅万象を見つめた少年　飯倉照平

■政治・法律

集英社新書

沖縄、基地なき島への道標　大田昌秀
個人と国家――今なぜ立憲主義か　樋口陽一
集団的自衛権と日本国憲法　浅井基文
「憲法九条」国民投票　今井一
9・11《ナイン・イレヴン》ジェネレーション――米国留学中の女子高生が学んだ「戦争」　岡崎玲子
終わらぬ「民族浄化」セルビア・モンテネグロ　木村元彦
増補版　日朝関係の克服――最後の冷戦地帯と六者協議　姜尚中
憲法の力　伊藤真
オバマ・ショック　越智道雄／町山智浩
ガンジーの危険な平和憲法案　C・ダグラス・ラミス
ルポ　戦場出稼ぎ労働者　安田純平
中東民衆革命の真実――エジプト現地レポート　田原牧

講談社現代新書

消費税のカラクリ　斎藤貴男

文春新書

田中角栄失脚　塩田潮
拒否できない日本――アメリカの日本改造が進んでいる　関岡英之
CIA　失敗の研究　落合浩太郎
財務官僚の出世と人事　岸宣仁
テレビは総理を殺したか　菊池正史
郵政崩壊とTPP　東谷暁
政治の修羅場　鈴木宗男

新潮新書

満州と自民党　小林英夫
日本共産党　筆坂秀世
血の政治―青嵐会という物語　河内孝
速記者たちの国会秘録　菊地正憲
公安は誰をマークしているか　大島真生
雑巾がけ―小沢一郎という試練　石川知裕
財務省　榊原英資
動乱のインテリジェンス　佐藤優／手嶋龍一

角川oneテーマ21

官僚とメディア　魚住昭
護憲派の一分　土井たか子／佐高信
「村山談話」とは何か　村山富市／佐高信

中公新書

国際政治―恐怖と希望　高坂正堯
法と社会―新しい法学入門　碧海純一
ドキュメント　弁護士―法と現実のはざまで　読売新聞社会部
自衛隊の誕生―日本の再軍備とアメリカ　増田弘
沖縄―政治と政党　比嘉幹郎
八海裁判―有罪と無罪の十八年　正木ひろし
自由民権―明治の革命と反革命　後藤靖
政府対新聞―国防総省秘密文書事件　田中豊
チャーチル　増補版―イギリス現代史を転換させた一人の政治家　河合秀和
清沢洌（きよさわ・きよし）―日米関係への洞察　北岡伸一
ゲッベルス―メディア時代の政治宣伝　平井正
ラ・マルセイエーズ物語―国歌の成立と変容　吉田進
忘れられない国会論戦―再軍備から公害問題まで　若宮啓文
治安維持法―なぜ政党政治は「悪法」を生んだか　中澤俊輔
石橋湛山《いしばしたんざん》―リベラリストの真髄　増田弘
大平正芳―「戦後保守」とは何か　福永文夫
田中角栄―戦後日本の悲しき自画像　早野透

岩波新書

戦後政治史　第三版　石川真澄／山口二郎
大臣　増補版　菅直人

自衛隊　変容のゆくえ　前田哲男
集団的自衛権とは何か　豊下楢彦
沖縄密約――「情報犯罪」と日米同盟　西山太吉
市民の政治学――討議デモクラシーとは何か　篠原一
市民自治の憲法理論　松下圭一
原発訴訟　海渡雄一
司法官僚　裁判所の権力者たち　新藤宗幸
憲法とは何か　長谷部恭男
憲法と国家――同時代を問う　樋口陽一
比較のなかの日本国憲法　樋口陽一
法とは何か　新版　渡辺洋三
日本人の法意識　川島武宜
知識人と政治――ドイツ・一九一四～一九三三　脇圭平

光文社新書

政治家・官僚の名門高校人脈　横田由美子
官邸から見た原発事故の真実――これから始まる真の危機　田坂広志

岩波ジュニア新書

憲法読本　第3版　杉原泰雄
いかそう日本国憲法――第九条を中心に　奥平康弘

■経済

集英社新書

アメリカの経済支配者たち　広瀬隆
アメリカの巨大軍需産業　広瀬隆
TPP亡国論　中野剛志
グローバル恐慌の真相　中野剛志／柴山桂太
中国経済　あやうい本質　浜矩子

講談社現代新書

経済学はむずかしくない　第2版　都留重人

文春新書

エコノミストは信用できるか　東谷暁
エコノミストを格付けする　東谷暁
JAL崩壊――ある客室乗務員の告白　日本航空・グループ2010
さよなら！　僕らのソニー　立石泰則

新潮新書

宅配便130年戦争　鷲巣力

中公新書

消費者ローン—流通革命を支えるもの　鎌倉昇
三菱—企業グループの動態1　阪口昭
住友—企業グループの動態2　鈴木謙一
三井—企業グループの動態3　久保田晃
物価について　中山伊知郎
就職—商品としての学生　尾崎盛光
現代のアメリカ経済　嘉治元郎
三井・三菱の百年—日本資本主義と財閥　柴垣和夫
企業別組合　白井泰四郎
GM(ゼネラル・モーターズ)—巨大企業の経営戦略　山崎清
技術と人間—技術革新の虚像と実像　星野芳郎
ケインズ—文明の可能性を求めて　早坂忠
人間と労働の未来—技術進歩は何をもたらすか　中岡哲郎
商売繁昌—昨今職業づくし　三宅菊子／阿奈井文彦
日立と松下(上)—日本経営の原型　岡本康雄
日立と松下(下)—日本経営の原型　岡本康雄
訴訟社会アメリカ—企業戦略構築のために　長谷川俊明
ケインズとハイエク—〈自由〉の変容　間宮陽介
株主代表訴訟—会社は誰のものか　大橋敬三／クリストファー・R・ヘルム

岩波新書

消費者の権利　新版　正田彬
原発のコスト—エネルギー転換への視点　大島堅一
市場主義の終焉—日本経済をどうするのか　佐和隆光
格差社会　何が問題なのか　橘木俊詔
世界経済入門　第三版　西川潤
社会的共通資本　宇沢弘文
共生の大地　新しい経済がはじまる　内橋克人
思想としての近代経済学　森嶋通夫
ルポ　解雇—この国でいま起きていること　島本慈子
反貧困—「すべり台社会」からの脱出　湯浅誠
女性労働と企業社会　熊沢誠

能力主義と企業社会　熊沢誠
自動車の社会的費用　宇沢弘文
ルポ　貧困大国アメリカⅡ　堤未果
ルポ　貧困大国アメリカ　堤未果

岩波ジュニア新書

新版　経済のしくみ100話　岸本重陳
会社とはなにか　奥村宏

■社会

集英社新書

現代イスラムの潮流　宮田律
中国の異民族支配　横山宏章
「原発」国民投票　今井一
中坊公平・私の事件簿　中坊公平
原発列島を行く　鎌田慧
ニュースキャスター　筑紫哲也
歌声喫茶「灯《ともしび》」の青春　丸山明日果
「明星」50年　601枚の表紙〈カラー版〉　明星編集部編／橋本治解題
新聞記者という仕事　柴田鉄治
なぜ通販で買うのですか　斎藤駿
『噂の眞相』25年戦記　岡留安則
レンズに映った昭和　江成常夫
ご臨終メディア―質問しないマスコミと一人で考えない日本人　森達也／森巣博
搾取される若者たち―バイク便ライダーは見た！　阿部真大
テレビニュースは終わらない　金平茂紀
悪党の金言　足立倫行
若き友人たちへ―筑紫哲也ラスト・メッセージ　筑紫哲也
グーグルに異議あり！　明石昇二郎
原発の闇を暴く　広瀬隆／明石昇二郎
電力と国家　佐高信
愛国と憂国と売国　鈴木邦男
「最悪」の核施設　六ヶ所再処理工場　小出裕章／渡辺満久／明石昇二郎
在日一世の記憶　小熊英二／姜尚中編
古本買い　十八番勝負　嵐山光三郎

必笑小咄《こばなし》のテクニック　米原万里
米原万里の「愛の法則」　米原万里
江戸を歩く　田中優子／石山貴美子写真

講談社現代新書

私の紅衛兵時代──ある映画監督の青春　陳凱歌(チェン・カイコー)
立志・苦学・出世──受験生の社会史　竹内洋
日本の公安警察　青木理
教育と国家　高橋哲哉
武装解除──紛争屋が見た世界　伊勢﨑賢治
愛国者は信用できるか　鈴木邦男
早稲田と慶応──名門私大の栄光と影　橘木俊詔
排除の空気に唾を吐け　雨宮処凛
原発報道とメディア　武田徹
〈中東〉の考え方　酒井啓子
働くということ──実社会との出会い　黒井千次
老いるということ　黒井千次
視点をずらす思考術　森達也

タテ社会の人間関係──単一社会の理論　中根千枝
日本人の論理構造　板坂元
「世間」とは何か　阿部謹也

文春新書

わが人生の案内人　澤地久枝
論争　格差社会　文春新書編集部編
聞く力──心をひらく35のヒント　阿川佐和子
ポスト消費社会のゆくえ　辻井喬／上野千鶴子
麻原彰晃の誕生　髙山文彦
ラジオのこころ　小沢昭一
週刊誌風雲録　高橋呉郎
農協との「30年戦争」　岡本重明
潜入ルポ　ヤクザの修羅場　鈴木智彦
何のために働くのか　自分を創る生き方　寺島実郎

新潮新書

眠れぬ夜のラジオ深夜便　宇田川清江

検察――破綻した捜査モデル　村山治
新潮文庫　20世紀の100冊　関川夏央
同い年事典――1900〜2008　黒川祥子
暴力団　溝口敦
続・暴力団　溝口敦
ラジオ記者、走る　清水克彦
死ぬための教養　嵐山光三郎
新書百冊　坪内祐三
死亡記事を読む　諸岡達一
昭和の墓碑銘　週刊新潮編
サービスの天才たち　野地秩嘉
新聞社――破綻したビジネスモデル　河内孝

角川oneテーマ21

勝負師の妻――囲碁棋士・藤沢秀行との五十年　藤沢モト
いじめるな！――弱い者いじめ社会ニッポン　香山リカ／辛淑玉
テロリズムの罠　左巻――新自由主義社会の行方　佐藤優
テロリズムの罠　右巻――忍び寄るファシズムの魅力　佐藤優
正社員が没落する――「貧困スパイラル」を止めろ！　堤未果／湯浅誠
差別と日本人　野中広務／辛淑玉
組織と人間　小倉寛太郎／佐高信
しがみつかない死に方――孤独死時代を豊かに生きるヒント　香山リカ
原発と日本人――自分を売らない思想　小出裕章／佐高信
女子少年院　魚住絹代
ホテル戦争――「外資VS老舗」業界再編の勢力地図　桐山秀樹
ケンカの作法――批判しなければ、日本は滅ぶ　辛淑玉／佐高信
ニセモノはなぜ、人を騙すのか？　中島誠之助

中公新書

広告の科学――その発想と戦略　チャールズ・ヤン
関西国際空港――生者のためのピラミッド　佐藤章
シナリオ無頼――祭りは終わらない　中島丈博
滝田樗陰――ある編集者の生涯　杉森久英
人生逃亡者の記録　きだみのる
通信社――情報化社会の神経　今井幸彦
さくもつ紳士録　青木恵一郎

村の生活誌　守田志郎
人権擁護六十年―弁護士海野普吉　松岡英夫
子守唄の人生　松永伍一
理性の運命―現代哲学の岐路　生松敬三／木田元
死刑囚の記録　加賀乙彦
源泉徴収と年末調整―納税者の意識を変えられるか　齋藤貴男
新聞記者で死にたい―障害は「個性」だ　牧太郎
ニューヨーク・タイムズ物語―紙面にみる多様性とバランス感覚　三輪裕範
働くということ―グローバル化と労働の新しい意味　ロナルド・ドーア
アーロン収容所―西欧ヒューマニズムの限界　会田雄次
本と校正　長谷川鑛平
表現の自由とはなにか　奥平康弘
ノーベル賞―二十世紀の普遍言語　矢野暢
医者のみた福澤諭吉―先生、ミイラとなって昭和に出現　土屋雅春

岩波新書

豊かさとは何か　暉峻淑子
ルポ　良心と義務―「日の丸・君が代」に抗う人びと　田中伸尚
靖国の戦後史　田中伸尚
日の丸・君が代の戦後史　田中伸尚
希望は絶望のど真ん中に　むのたけじ
戦争絶滅へ、人間復活へ―九三歳・ジャーナリストの発言　むのたけじ／黒岩比佐子聞き手
原発を終わらせる　石橋克彦編
勲章　知られざる素顔　栗原俊雄
世代間連帯　上野千鶴子／辻元清美
いまどきの「常識」　香山リカ
定年後―豊かに生きるための知恵　加藤仁
労働ダンピング―雇用の多様化の果てに　中野麻美
ルポ　改憲潮流　斎藤貴男
安心のファシズム―支配されたがる人びと　斎藤貴男
悪役レスラーは笑う―「卑劣なジャップ」グレート東郷　森達也
ああダンプ街道　佐久間充
仕事が人をつくる　小関智弘
原発事故はなぜくりかえすのか　高木仁三郎
プルトニウムの恐怖　高木仁三郎

証言　水俣病　栗原彬編
東京国税局査察部　立石勝規
ドキュメント　屠場　鎌田慧
原発事故を問う―チェルノブイリから、もんじゅへ　七沢潔
在日外国人　新版―法の壁、心の溝　田中宏
スパイの世界　中薗英助
世直しの倫理と論理(上)(下)　小田実
社会認識の歩み　内田義彦
戦後思想を考える　日高六郎
住宅貧乏物語　早川和男
ルポルタージュ　台風十三号始末記　杉浦明平
ユダヤ人　J・P・サルトル
欧州連合　統治の論理とゆくえ　庄司克宏
国際連合　軌跡と展望　明石康
獄中一九年―韓国政治犯のたたかい　徐勝
韓国からの通信―1972・11～1974・6　T・K生／「世界」編集部編
自由への大いなる歩み―非暴力で闘った黒人たち　M・L・キング

非ユダヤ的ユダヤ人　I・ドイッチャー
水俣病は終っていない　原田正純
水俣病　原田正純
日米情報摩擦　安藤博
職業としての編集者　吉野源三郎
翻訳と日本の近代　丸山真男／加藤周一
岩波新書の歴史　付・総目録1938～2006　鹿野政直
思い出袋　鶴見俊輔
悪あがきのすすめ　辛淑玉
怒りの方法　辛淑玉
スローライフ―緩急自在のすすめ　筑紫哲也
沖縄生活誌　高良勉
職人　永六輔
大往生　永六輔
沖縄ノート　大江健三郎
ヒロシマ・ノート　大江健三郎
勝負と芸　わが囲碁の道　藤沢秀行

昭和青春読書私史　安田武
南極越冬記　西堀栄三郎
続　羊の歌―わが回想　加藤周一
羊の歌―わが回想　加藤周一
論文の書き方　清水幾太郎
一日一言―人類の知恵　桑原武夫編
追われゆく坑夫たち　上野英信
岩波新書をよむ―ブックガイド＋総目録　岩波書店編集部編
日本の耳　小倉朗

ちくま新書

公安警察の手口　鈴木邦男
社会学の名著30　竹内洋
原発と権力―戦後から辿る支配者の系譜　山岡淳一郎
ヤクザと日本―近代の無頼　宮崎学

平凡社新書

愛国と米国―日本人はアメリカを愛せるのか　鈴木邦男
福島原発の真実　佐藤栄佐久

伝説の日中文化サロン　上海・内山書店　太田尚樹
熟慮ジャーナリズム―「論壇記者」の体験から　奥武則
「アンアン」1970　赤木洋一
反逆する華族「消えた昭和史」を掘り起こす　浅見雅男

光文社新書

アホ大学のバカ学生―グローバル人材と就活迷子のあいだ　石渡嶺司／山内太地
「ニート」って言うな！　本田由紀／内藤朝雄／後藤和智
就活のバカヤロー―企業・大学・学生が演じる茶番劇　石渡嶺司／大沢仁

幻冬舎新書

血税空港―本日も遠く高く不便な空の便　森功
インテリジェンス　武器なき戦争　手嶋龍一／佐藤優
昭和45年11月25日―三島由紀夫自決、日本が受けた衝撃　中川右介

朝日新書

新書365冊　宮崎哲弥
田中角栄の昭和　保阪正康

岩波ジュニア新書

ガンディーの言葉　マハートマ・ガンディー

中高生のための憲法教室　伊藤真
新版　行政ってなんだろう　新藤宗幸
財政のしくみがわかる本　神野直彦
新版　原発を考える50話　西尾漠
新版　女性の権利―ハンドブック　女性差別撤廃条約　赤松良子監修／国際女性の地位協会編
人権読本　鎌田慧編著
「殺すな」と「共生」―大震災とともに考える　小田実
チェルノブイリから広島へ　広河隆一
新聞の読みかた　岸本重陳
キング牧師―人種の平等と人間愛を求めて　辻内鏡人／中條献
これが原発だ―カメラがとらえた被曝者　樋口健二
手塚治虫がねがったこと　斎藤次郎
21世紀を生きる君たちへ―日本の明日を考える　小山内美江子
きみたちと現代―生きる意味をもとめて　宮田光雄
地球人として生きる―市民による海外協力　岩崎駿介編著

■宗教

講談社現代新書

日蓮―その生涯と思想　久保田正文
道元入門―生の充実を求めるために　秋月龍珉
ふしぎなキリスト教　橋爪大三郎／大澤真幸

新潮新書

創価学会　島田裕巳

中公新書

法然讃歌―生きるための念仏　寺内大吉
法華経―真理・生命・実践　田村芳朗
内村鑑三―明治精神の道標　亀井俊介
宗教改革の精神―ルターとエラスムスとの対決　金子晴勇

岩波新書

マルティン・ルター―ことばに生きた改革者　徳善義和
寺よ、変われ　高橋卓志
国家神道　村上重良
日本の仏教　渡辺照宏
禅と日本文化　鈴木大拙

■日本史

講談社現代新書

〈満洲〉の歴史　小林英夫
明治維新　1858-1881　坂野潤治／大野健一
七三一部隊──生物兵器犯罪の真実　常石敬一
戦争の日本近現代史──東大式レッスン！　征韓論から太平洋戦争まで　加藤陽子
「特攻」と日本人　保阪正康
東京裁判　日暮吉延
「昭和」を点検する　保阪正康／半藤一利
「戦後」を点検する　保阪正康／半藤一利

文春新書

日本のいちばん長い夏　半藤一利編
元老　西園寺公望──古希からの挑戦　伊藤之雄
対談　昭和史発掘　松本清張
山県有朋──愚直な権力者の生涯　伊藤之雄
皇族と帝国陸海軍　浅見雅男
原発と原爆──「日・米・英」核武装の暗闘　有馬哲夫
評伝　若泉敬──愛国の密使　森田吉彦

新潮新書

原発・正力・CIA──機密文書で読む昭和裏面史　有馬哲夫

角川oneテーマ21

戦争と日本人──テロリズムの子どもたちへ　加藤陽子／佐高信

中公新書

大岡越前守──名奉行の虚像と実像　辻達也
町衆──京都における「市民」形成史　林屋辰三郎
敗者の条件──戦国時代を考える　会田雄次
帰化人──古代国家の成立をめぐって　上田正昭
元寇──蒙古帝国の内部事情　旗田巍
幕末の長州──維新志士出現の背景　田中彰
幕末の薩摩──悲劇の改革者、調所笑左衛門　原口虎雄
東京裁判（上）　児島襄
東京裁判（下）　児島襄
学徒出陣の記録──あるグループの戦争体験　東大十八史会編
沖縄の歳月──自伝的回想から　比嘉春潮

幸徳秋水―直接行動論の源流　飛鳥井雅道
昭和の軍閥　高橋正衛
ある明治人の記録―会津人柴五郎の遺書　石光真人編著
沖縄の証言(上)―庶民が語る戦争体験　名嘉正八郎／谷川健一編
松岡洋右―その人間と外交　三輪公忠
沖縄の証言(下)―庶民が語る戦争体験　名嘉正八郎／谷川健一編
排日の歴史―アメリカにおける日本人移民　若槻泰雄
満州事変への道―幣原外交と田中外交　馬場伸也
満蒙開拓青少年義勇軍　上笙一郎
明治六年政変　毛利敏彦
福沢諭吉―国民国家論の創始者　飯田鼎
江藤新平　増訂版―急進的改革者の悲劇　毛利敏彦
高杉晋作―維新前夜の群像1　奈良本辰也
坂本龍馬―維新前夜の群像2　池田敬正
騎馬民族国家　改版―日本古代史へのアプローチ　江上波夫
秩父事件―自由民権期の農民蜂起　井上幸治
大君の使節―幕末日本人の西欧体験　芳賀徹

高橋是清―財政家の数奇な生涯　大島清
大久保利通―維新前夜の群像5　毛利敏彦
徳川慶喜　増補版―将軍家の明治維新　松浦玲
戊辰戦争―敗者の明治維新　佐々木克
保科正之《ほしなまさゆき》―徳川将軍家を支えた会津藩主　中村彰彦
奥羽越列藩同盟―東日本政府樹立の夢　星亮一
福沢諭吉と中江兆民　松永昌三
幕末の会津藩―運命を決めた上洛　星亮一
吉田松陰―変転する人物像　田中彰
会津落城―戊辰戦争最大の悲劇　星亮一
足軽目付犯科帳―近世酒田湊の事件簿　高橋義夫
西南戦争―西郷隆盛と日本最後の内戦　小川原正道
桂　太郎―外に帝国主義、内に立憲主義　千葉功
勝　海舟―維新前夜の群像3　松浦玲
木戸孝允―維新前夜の群像4　大江志乃夫
悪名の論理―田沼意次の生涯　江上照彦
西郷隆盛(上)―維新前夜の群像6　井上清

西郷隆盛（下）―維新前夜の群像6　井上清
大村益次郎―幕末維新の兵制改革　絲屋寿雄
内藤湖南　三田村泰助
明治の反逆者たち　江上照彦
回想の織田信長―フロイス「日本史」より　松田毅一／川崎桃太編訳
岩倉具視　増補版―維新前夜の群像7　大久保利謙
秀吉と文禄の役―フロイス「日本史」より　松田毅一／川崎桃太編訳
幕末の志士―草莽の明治維新　高木俊輔
大久保一翁―最後の幕臣　松岡英夫
長崎のオランダ商館―世界のなかの鎖国日本　山脇悌二郎
武市半平太―ある草莽の実像　入交好脩
星亨―藩閥政治を揺がした男　鈴木武史
長崎奉行―江戸幕府の耳と目　外山幹夫
雨森芳洲《あめのもりほうしゅう》―元禄享保の国際人　上垣外憲一
敗者の維新史―会津藩士荒川勝茂の日記　星亮一
中岡慎太郎―維新の周旋家　宮地佐一郎
『ザ・タイムズ』にみる幕末維新―「日本」はいかに議論されたか　皆村武一

支倉常長《はせくらつねなが》―慶長遣欧使節の悲劇　大泉光一
上海時代（上）―ジャーナリストの回想　松本重治
上海時代（中）―ジャーナリストの回想　松本重治
上海時代（下）―ジャーナリストの回想　松本重治
ゾルゲ事件―尾崎秀実の理想と挫折　尾崎秀樹
小泉三申―政友会策士の生涯　小島直記
博徒と自由民権―名古屋事件始末記　長谷川昇
中国人として育った私―解放後のハルビンで　西条正
二つの祖国をもつ私―ハルビンから帰って十五年　西条正
馬賊―日中戦争史の側面　渡辺龍策
二・二六事件　増補改版―「昭和維新」の思想と行動　高橋正衛
太平洋戦争（上）　児島襄
太平洋戦争（下）　児島襄
南京事件　増補版―「虐殺」の構造　秦郁彦
キメラ―満洲国の肖像　増補版　山室信一
巣鴨プリズン―教誨師花山信勝と死刑戦犯の記録　小林弘忠
徳富蘇峰―日本ナショナリズムの軌跡　米原謙

言論統制——情報官・鈴木庫三と教育の国防国家　佐藤卓己
広田弘毅——「悲劇の宰相」の実像　服部龍二
マッカーサー——フィリピン統治から日本占領へ　増田弘
日中国交正常化——田中角栄、大平正芳、官僚たちの挑戦　服部龍二
疎開学童の日記——九歳の少女がとらえた終戦前後　中根美宝子
関東軍——在満陸軍の独走　島田俊彦
日中戦争——和平か戦線拡大か　臼井勝美
満州事変——戦争と外交と　臼井勝美
ある中国特派員——山上正義と魯迅　丸山昇
暗い谷間の自伝——追憶と意見　大河内一男
日の丸アワー——対米謀略放送物語　池田徳眞
明治の異才　福地桜痴——忘れられた大記者　小山文雄
日本の参謀本部　大江志乃夫
近衛時代(上)——ジャーナリストの回想　松本重治／蠟山芳郎 編集
沖縄の歴史と文化　外間守善
近衛時代(下)——ジャーナリストの回想　松本重治／蠟山芳郎 編集
張作霖爆殺——昭和天皇の統帥　大江志乃夫

兜町の四十年——一証券記者の見た戦後史　細金正人
サハリン棄民——戦後責任の点景　大沼保昭
宇垣一成《うがきかずしげ》——政軍関係の確執　渡邊行男
重光葵《しげみつまもる》——上海事変から国連加盟まで　渡邊行男
原敬と山県有朋——国家構想をめぐる外交と内政　川田稔

岩波新書

特高警察　荻野富士夫
思想検事　荻野富士夫
満州事変から日中戦争へ——シリーズ　日本近現代史5　加藤陽子
民権と憲法——シリーズ　日本近現代史2　牧原憲夫
清水次郎長——幕末維新と博徒の世界　高橋敏
法隆寺を歩く　上原和
中国残留邦人——置き去られた六十余年　井出孫六
創氏改名——日本の朝鮮支配の中で　水野直樹
証言　沖縄「集団自決」——慶良間諸島で何が起きたか　謝花直美
沖縄現代史　新版　新崎盛暉
日露戦争の世紀——連鎖視点から見る日本と世界　山室信一

日本の近代思想　鹿野政直
日本の神々　谷川健一
日本の地名　谷川健一
日本社会の歴史(上)(中)(下)　網野善彦
南京事件　笠原十九司
西郷隆盛―西南戦争への道　猪飼隆明
靖国神社　大江志乃夫
GHQ　竹前栄治
日本文化史　第二版　家永三郎
満鉄　原田勝正
神々の明治維新―神仏分離と廃仏毀釈　安丸良夫
世界史のなかの明治維新　芝原拓自
昭和史　新版　遠山茂樹／今井清一／藤原彰
日韓併合小史　山辺健太郎
日本国家の起源　井上光貞
天皇の祭祀　村上重良

ちくま新書

八月十五日の神話―終戦記念日のメディア学　佐藤卓己

岩波ジュニア新書

グローバリゼーションの中の江戸〈知の航海〉シリーズ　田中優子
日本の現代―日本の歴史9　鹿野政直
大日本帝国の時代―日本の歴史8　由井正臣
明治維新―日本の歴史7　田中彰
沖縄からアジアが見える　比嘉政夫
シベリア抑留とは何だったのか―詩人・石原吉郎のみちのり　畑谷史代
海に沈んだ対馬丸―子どもたちの沖縄戦　早乙女愛
私は「蟻の兵隊」だった―中国に残された日本兵　奥村和一／酒井誠
「従軍慰安婦」にされた少女たち　石川逸子
ひめゆりの沖縄戦―一少女は嵐のなかを生きた　伊波園子
新版　1945年8月6日―ヒロシマは語りつづける　伊東壮
戦争と沖縄　池宮城秀意
東京が燃えた日―戦争と中学生　早乙女勝元

■世界史

集英社新書

フランス革命の肖像　佐藤賢一

講談社現代新書

アラブとイスラエル―パレスチナ問題の構図　高橋和夫
キング牧師とマルコムX　上坂昇
ロスチャイルド家―ユダヤ国際財閥の興亡　横山三四郎
ジャンヌ・ダルク―超異端の聖女　竹下節子
傭兵の二千年史　菊池良生
現代アラブの社会思想―終末論とイスラーム主義　池内恵

文春新書

中国共産党　葬られた歴史　譚璐美
ロシア　闇と魂の国家　亀山郁夫／佐藤優

新潮新書

中国共産党を作った13人　譚璐美

中公新書

ユダヤ人―迫害・放浪・建国　村松剛
正統と異端―ヨーロッパ精神の底流　堀米庸三
パリ・コミューン　柴田三千雄
宦官(かんがん)―側近政治の構造　三田村泰助
ジャンヌ・ダルク―愛国心と信仰　村松剛
実録　アヘン戦争　陳舜臣
マヤ文明―世界史に残る謎　石田英一郎
ロシア革命　菊地昌典
リンカーン―アメリカ民主政治の神話　本間長世
メキシコ革命―近代化のたたかい　増田義郎
血の日曜日―ロシア革命の発端　和田春樹／和田あき子
レーニン―革命家の形成とその実践　河合秀和
毛沢東と中国共産党　竹内実
草原の革命家たち　増補改訂版―モンゴル独立への道　田中克彦
青春のスペイン戦争―ケンブリッジ大学の義勇兵たち　川成洋
ワイマル共和国―ヒトラーを出現させたもの　林健太郎
ナチズム―ドイツ保守主義の一系譜　村瀬興雄
アドルフ・ヒトラー―「独裁者」出現の歴史的背景　村瀬興雄
ドイツ参謀本部　渡部昇一

ナチ・エリート――第三帝国の権力構造　山口定
スカルノ大統領の特使――鄒梓模回想録　増田与編訳
ヒトラー暗殺計画　小林正文
板門店――統一への対話と対決　菊池正人
ニュースキャスター――エド・マローが報道した現代史　田草川弘
張学良はなぜ西安事変に走ったか――東アジアを揺るがした二週間　岸田五郎
オッペンハイマー――原爆の父はなぜ水爆開発に反対したか　中沢志保
楊貴妃《ようきひ》――大唐帝国の栄華と暗転　村山吉廣
漢奸裁判――対日協力者を襲った運命　劉傑
ヒトラー・ユーゲント――青年運動から戦闘組織へ　平井正

岩波新書

北朝鮮現代史　和田春樹
パル判事――インド・ナショナリズムと東京裁判　中里成章
ノモンハン戦争　モンゴルと満洲国　田中克彦
毛沢東　竹内実
紫禁城――清朝の歴史を歩く　入江曜子
溥儀――清朝最後の皇帝　入江曜子
朝鮮通信使――江戸日本の誠信外交　仲尾宏
韓国現代史　文京洙
上海一九三〇年　尾崎秀樹
暗い夜の記録　許広平
辛亥革命　野沢豊
玄奘三蔵――史実西遊記　前嶋信次
中国の歴史(上)(中)(下)　貝塚茂樹
魔女狩り　森島恒雄
ヨーロッパとは何か　増田四郎
世界史概観(上)(下)　H・G・ウェルズ
歴史とは何か　E・H・カー

■地域・紀行

集英社新書

反米大陸――中南米がアメリカにつきつけるNO!　伊藤千尋

新潮新書

小布施　まちづくりの奇跡　川向正人

中公新書

アボリジニーの国—オーストラリア先住民の中で	中野不二男
照葉樹林文化—日本文化の深層	上山春平
マグレブ紀行	川田順造
日本人と日本文化	司馬遼太郎／ドナルド・キーン
ワスプ(WASP)—アメリカン・エリートはどうつくられるか	越智道雄
バーのある人生	枝川公一
黒人大学留学記—テネシー州の町にて	青柳清孝
香港—その現状と案内	姫宮栄一
長崎—歴史の旅への招待	原田伴彦
ソヴェト旅行案内	野々村一雄
遠くて近い国トルコ	大島直政
アメリカ夏象冬記	安岡章太郎
アメリカの秘密結社—西欧的社会集団の生態	綾部恒雄
海の壁—三陸沿岸大津波	吉村昭
西洋と日本—比較文明史的考察	増田四郎
南ア共和国の内幕—最後の白人要塞	伊藤正孝
燃えるアメリカ—「神話」に挑戦する若者たち	角間隆
ルワンダ中央銀行総裁日記 増補版	服部正也
コルシカ紀行	大岡昇平
欧州紀行	埴谷雄高
アウシュヴィッツへの旅	長田弘
二つの顔の日本人—東南アジアの中で	鳥羽欽一郎
原始林の中の日本人—南米移住地のその後	若槻泰雄
祇園祭—都市人類学ことはじめ	米山俊直
ミュンヘンの小学生—娘が学んだシュタイナー学校	子安美知子
続・照葉樹林文化—東アジア文化の源流	上山春平／佐々木高明／中尾佐助
白球太平洋を渡る—日米野球交流史	池井優
第三世界の歩み	西川潤
エリセーエフの生涯—日本学の始祖	倉田保雄
わがアリランの歌	金達寿
ロンドン—ほんの百年前の物語	小池滋
パリ日本館だより—フランス人とつきあう法	小林善彦
時刻表の旅	種村直樹

カリフォルニア・ストーリー　石川好
カリフォルニア・ナウ―新しいアメリカ人の出現　石川好
モラヴィア―二十世紀イタリアの愛と反逆　千種堅
ラフカディオ・ハーン―異文化体験の果てに　牧野陽子
黒人野球のヒーローたち―「ニグロ・リーグ」の興亡　佐山和夫
石油に浮かぶ国―クウェートの歴史と現実　牟田口義郎

岩波新書

エビと日本人Ⅱ―暮らしのなかのグローバル化　村井吉敬
エビと日本人　村井吉敬
サウジアラビア―変わりゆく石油王国　保坂修司
パレスチナ　新版　広河隆一
バナナと日本人―フィリピン農園と食卓のあいだ　鶴見良行
イスラームの日常世界　片倉もとこ
京都　林屋辰三郎
ジャガイモのきた道―文明・飢饉・戦争　山本紀夫
インカ帝国―砂漠と高山の文明　泉靖一
アメリカ感情旅行　安岡章太郎
インドで考えたこと　堀田善衛

■文芸・芸術

集英社新書

日本映画史100年　四方田犬彦
無言館ノオト―戦没画学生へのレクイエム　窪島誠一郎
藤沢周平―負を生きる物語　高橋敏夫
江戸の恋―「粋」と「艶気《うわき》」に生きる　田中優子
天才アラーキー　写真ノ時間　荒木経惟
樋口一葉「いやだ！」と云ふ　田中優子
田辺聖子の人生あまから川柳　田辺聖子
池波正太郎「自前」の思想　佐高信／田中優子
フェルメール全点踏破の旅　朽木ゆり子
天才アラーキー　写真ノ愛・情　荒木経惟

講談社現代新書

美しい日本の私―その序説　川端康成

文春新書

天才 勝新太郎　春日太一
悲劇の名門 團十郎十二代　中川右介
昭和の藝人 千夜一夜　矢野誠一
松本清張の残像　藤井康栄
藤沢周平 残日録　阿部達二
それぞれの芥川賞 直木賞　豊田健次
追憶の作家たち　宮田毬栄
行蔵は我にあり—出頭の102人　出久根達郎
書評家〈狐〉の読書遺産　山村修
ドストエフスキー—謎とちから　亀山郁夫
弔辞—劇的な人生を送る言葉　文藝春秋編

新潮新書

漂流記の魅力　吉村昭
野垂れ死に　藤沢秀行
向田邦子と昭和の東京　川本三郎
世紀のラブレター　梯久美子
文士の私生活—昭和文壇交友録　松原一枝
あの素晴しい曲をもう一度—フォークからJポップまで　富澤一誠
邦画の昭和史—スターで選ぶDVD100本　長部日出雄

角川oneテーマ21

ぼく、牧水！—歌人に学ぶ「まろび」の美学　伊藤一彦／堺雅人

中公新書

銀幕の東京—映画でよみがえる昭和　川本三郎
銀幕の銀座—懐かしの風景とスターたち　川本三郎
日本文学史—近代から現代へ　奥野健男
マザー・グースの唄—イギリスの伝承童謡　平野敬一
日本の名作—近代小説62篇　小田切進
魯迅（ろじん）—阿Q中国の革命　片山智行
百人一句—俳句とは何か　高橋睦郎
萬葉百歌　山本健吉／池田彌三郎
杜甫　高木正一
私の外国語　梅棹忠夫／永井道雄編
魯迅詩話　高田淳
私説 折口信夫　池田彌三郎

バルザック―天才と俗物の間　霧生和夫
イソップ寓話―その伝承と変容　小堀桂一郎
シェイクスピア時代　高橋康也／樺山紘一
日本語の素顔　外山滋比古
外国人による日本論の名著―ゴンチャロフからパンゲまで　佐伯彰一／芳賀徹編
文人たちの句境―漱石・龍之介から万太郎まで　関森勝夫
シュテファン・ツヴァイク―ヨーロッパ統一幻想を生きた伝記作家　河原忠彦
古文書返却の旅―戦後史学史の一齣　網野善彦
男うた女うた―男性歌人篇　佐佐木幸綱
男うた女うた―女性歌人篇　馬場あき子
ぼくの翻訳人生　工藤幸雄
小津安二郎文壇交遊録　貴田庄
日めくり　四季のうた　長谷川櫂
ヌーベルバーグ以後―自由をめざす映画　佐藤忠男
道化の文学―ルネサンスの栄光　高橋康也
わが映画の青春―日本映画史の一側面　衣笠貞之助
回想の文学座　北見治一

アカデミー賞―オスカーをめぐる26のエピソード　川本三郎
鶴屋南北―かぶきが生んだ無教養の表現主義　郡司正勝
回想　黒澤明　黒澤和子

岩波新書

杜甫　川合康三
白楽天―官と隠のはざまで　川合康三
魯迅―東アジアを生きる文学　藤井省三
正岡子規　言葉と生きる　坪内稔典
ヴァレリー―知性と感性の相剋　清水徹
小林多喜二―21世紀にどう読むか　ノーマ・フィールド
折々のうた　大岡信
チェーホフ　浦雅春
西行　高橋英夫
短編小説礼讃　阿部昭
日本の近代小説　中村光夫
新唐詩選　吉川幸次郎／三好達治
文学入門　桑原武夫

万葉秀歌（上）（下）　斎藤茂吉

活字たんけん隊――めざせ、面白本の大海　椎名誠

活字のサーカス――面白本大追跡　椎名誠

『七人の侍』と現代――黒澤明　再考　四方田犬彦

日本の色を染める　吉岡幸雄

ぼくのマンガ人生　手塚治虫

日本の舞踊　渡辺保

マリリン・モンロー　亀井俊介

絵を描く子供たち――メキシコの思い出　北川民次

ちくま新書

漱石を読みなおす　小森陽一

平凡社新書

ロマンポルノと実録やくざ映画――禁じられた70年代日本映画　樋口尚文

わが心の小説家たち　吉村昭

詩歌遍歴　木田元

幻冬舎新書

カラヤンとフルトヴェングラー　中川右介

朝日新書

久世光彦vs.向田邦子　小林竜雄

本と映画と「70年」を語ろう　川本三郎／鈴木邦男

岩波ジュニア新書

四字熟語集　奥平卓／和田武司

シェイクスピア物語　小田島雄志

詩の楽しみ――作詩教室　吉野弘

ことばの力――しゃべる・聞く・伝える　川崎洋

詩のこころを読む　茨木のり子

ショパン――花束の中に隠された大砲　崔善愛

■教育・心理

集英社新書

性同一性障害――性転換の朝《あした》　吉永みち子

講談社現代新書

〈じぶん〉を愛するということ――私探しと自己愛　香山リカ

親子という病　香山リカ

母親はなぜ生きづらいか　香山リカ
国際共通語としての英語　鳥飼玖美子
大学でいかに学ぶか　増田四郎
生きることと考えること　森有正
本はどう読むか　清水幾太郎
考える技術・書く技術　板坂元
知的生活の方法　渡部昇一

文春新書

東大教師が新入生にすすめる本　文藝春秋編

中公新書

発想法―創造性開発のために　川喜田二郎
続・発想法―KJ法の展開と応用　川喜田二郎
理想の人間像―各国の教科書にみる　唐沢富太郎
日本の大学―産業社会にはたす役割　永井道雄
学校と世間―進学文明を超えるもの　佐藤忠男／京極純一
帝国大学の誕生―国際比較の中での東大　中山茂
教養主義の没落―変わりゆくエリート学生文化　竹内洋

岩波新書

日本語練習帳　大野晋
日本語の起源　新版　大野晋
日本人の英語　マーク・ピーターセン
日本語　新版(上)(下)　金田一春彦
漢字―生いたちとその背景　白川静
四字熟語ひとくち話　岩波書店辞典編集部編
社会力を育てる―新しい「学び」の構想　門脇厚司
子どもの社会力　門脇厚司
自由と規律―イギリスの学校生活　池田潔
私は二歳　松田道雄
私は赤ちゃん　松田道雄

岩波ジュニア新書

崖っぷちに立つあなたへ　落合恵子
わたしの先生　岩波書店編集部編
いじめを考える　なだいなだ
生きるということ―読書による道案内　宮田光雄

ぼくたちの今―岩波ジュニア新書を読む　岩波書店編集部編

大学活用法　岩波書店編集部編

■科学

集英社新書

博物学の巨人　アンリ・ファーブル　奥本大三郎

講談社現代新書

生物と無生物のあいだ　福岡伸一

中公新書

アユの生態　小山長雄

カラスはどれほど賢いか―都市鳥の適応戦略　唐沢孝一

スズメのお宿は街のなか―都市鳥の適応戦略　唐沢孝一

川と湖の魚たち　川那部浩哉

岩波新書

市民科学者として生きる　高木仁三郎

栽培植物と農耕の起源　中尾佐助

物理学とは何だろうか（上）（下）　朝永振一郎

科学の方法　中谷宇吉郎

無限と連続　遠山啓

世界の酒　坂口謹一郎

釣りの科学　檜山義夫

原子力発電　武谷三男編

物理学はいかに創られたか（上）（下）　アインシュタイン／インフェルト

零の発見―数学の生い立ち　吉田洋一

岩波ジュニア新書

新版　単位の小事典　高木仁三郎

砂漠化ってなんだろう　根本正之

新版　元素の小事典　高木仁三郎

■健康・医療

中公新書

お医者さん―医者と医療のあいだ　なだいなだ

日本人の病歴　立川昭二

毒の話　山崎幹夫

痛風―ヒポクラテスの時代から現代まで　木原弘二

岩波新書

信州に上医あり―若月俊一と佐久病院　南木佳士
指と耳で読む―日本点字図書館と私　本間一夫
村で病気とたたかう　若月俊一

■ホビー・スポーツ

集英社新書

早慶戦の百年―学生野球讃歌　菊谷匡祐
ネコと暮らせば―下町獣医の育猫手帳　野澤延行

講談社現代新書

スポーツ名勝負物語　二宮清純
最強のプロ野球論　二宮清純
プロ野球の一流たち　二宮清純

光文社新書

捕手論　織田淳太郎
プロ野球の職人たち　二宮清純

佐高 信（さたか まこと）

一九四五年、山形県生まれ。慶應義塾大学法学部卒業。高校教師、経済誌編集長をへて評論家。著書に『電力と国家』『この人たちの日本国憲法』ほか多数。

佐藤 優（さとう まさる）

一九六〇年、東京都生まれ。作家・元外務省主任分析官。同志社大学大学院神学研究科修了。著書に『国家の罠』『獄中記』『同志社大学神学部』ほか多数。

世界《せかい》と闘《たたか》う「読書術《どくしょじゅつ》」思想《しそう》を鍛《きた》える一〇〇〇冊《さつ》

二〇一三年一一月二〇日 第一刷発行
二〇一三年一一月三〇日 第二刷発行

集英社新書〇七一五C

著者……佐高《さたか》 信《まこと》／佐藤《さとう》 優《まさる》
発行者……加藤 潤
発行所……株式会社集英社
東京都千代田区一ツ橋二-五-一〇 郵便番号一〇一-八〇五〇
電話 〇三-三二三〇-六三九一（編集部）
〇三-三二三〇-六三九三（販売部）
〇三-三二三〇-六〇八〇（読者係）

装幀……原 研哉
印刷所……大日本印刷株式会社 凸版印刷株式会社
製本所……加藤製本株式会社

定価はカバーに表示してあります。

ISBN 978-4-08-720715-6 C0236

「助けて」と言える国へ ——人と社会をつなぐ
奥田知志／茂木健一郎　0703-B
我々はこの無縁社会をどう生きるべきだろうか。困窮者支援に奔走する牧師と脳科学者との緊急対話。

冷泉家 八〇〇年の「守る力」
冷泉貴実子　0704-C
藤原俊成・定家を祖とする、京都「和歌の家」冷泉家の第二五代当主夫人が語る「時代に流されない方法」。

司馬遼太郎が描かなかった幕末 ——松陰・龍馬・晋作の実像
一坂太郎　0705-D
司馬作品は、どこまでが史実であり、何が創作なのか？名作をひもときながら、幕末・維新史の真相に迫る。

わるいやつら
宇都宮健児　0706-B
ヤミ金、振り込め詐欺、貧困ビジネスなどの手口と対策を、悪質業者を告発し続けてきた弁護士が解説。

ニュートリノでわかる宇宙・素粒子の謎
鈴木厚人　0707-G
ノーベル賞級の発見が目白押しのニュートリノを巡る研究の最前線を、第一人者がわかりやすく語る。

ルポ「中国製品」の闇
鈴木譲仁　0708-B
安全基準が確立されぬまま義歯を乱造する中国。リスクが野放しになっている日中両国の闇に切り込む！

顔を考える 生命形態学からアートまで
大塚信一　0709-G
人文・社会・自然諸科学の成果をたずね歩き、人と顔の特別な関係について考察したユニークな一冊。

スポーツの品格
桑田真澄／佐山和夫　0710-B
「勝利至上主義」では本当の人材は育たない。社会問題になった「体罰」問題などへの新視点を示す対論。

実録　ドイツで決闘した日本人〈ノンフィクション〉
菅野瑞治也　0711-N
今も一部の学生の間で行われている真剣を用いた決闘。留学中に決闘を経験した著者がこの文化の実態に迫る。

はじめての憲法教室 ——立憲主義の基本から考える
水島朝穂　0712-A
第九条や人権をめぐる論議、自民党草案の中身など……。護憲派も改憲派も知っておきたい憲法論の基本。